CONCEITO E VALIDADE
DO DIREITO

CONCEITO E VALIDADE DO DIREITO

Robert Alexy

Organização
ERNESTO GARZÓN VALDÉS, HARTMUT KLIEMT,
LOTHAR KUHLEN E RUTH ZIMMERLING

Tradução
GERCÉLIA BATISTA DE OLIVEIRA MENDES

Revisão da tradução
KARINA JANNINI

SÃO PAULO 2020

Esta obra foi publicada originalmente em alemão com o título
BEGRIFF UND GELTUNG DES RECHTS, 2ª EDIÇÃO, 2005
por Verlag Karl Alber, Freiburg im Breisgau
Robert Alexy, Begriff und Geltung des Rechts © Verlag Karl Alber, Freiburg im Breisgau.

"A tradução desta obra foi apoiada pelo Goethe-Institut, financiado pelo
Ministério das Relações Exteriores da Alemanha."

Copyright © 2009, Editora WMF Martins Fontes Ltda.,
São Paulo, para a presente edição.

1ª edição 2009
4ª tiragem 2020

Tradução
GERCÉLIA BATISTA DE OLIVEIRA MENDES

Revisão da tradução
Karina Jannini
Acompanhamento editorial
Luzia Aparecida dos Santos
Revisões
Andréa Stahel M. da Silva
Ivani Aparecida Martins Cazarim
Produção gráfica
Geraldo Alves
Paginação
Studio 3 Desenvolvimento Editorial

Dados Internacionais de Catalogação na Publicação (CIP)
(Câmara Brasileira do Livro, SP, Brasil)

Alexy, Robert
Conceito e validade do direito / Robert Alexy ; Organização Ernesto Garzón Valdés... [et al.]. ; tradução Gercélia Batista de Oliveira Mendes. – São Paulo : Editora WMF Martins Fontes, 2009. – (Biblioteca jurídica WMF)

Título original: Begriff und Geltung des Rechts
Outros organizadores: Hartmut Kliemt, Lothar Kuhlen e Ruth Zimmerling.
ISBN 978-85-7827-163-3

1. Eficácia e validade da lei 2. Positivismo jurídico I. Garzón Valdés, Ernesto. II. Kliemt, Hartmut. III. Kuhlen, Lothar. IV. Zimmerling, Ruth. V. Título. VI. Série.

09-06338   CDU-340.12

Índices para catálogo sistemático:
1. Conceito e validade do direito   340.12

Todos os direitos desta edição reservados à
Editora WMF Martins Fontes Ltda.
Rua Prof. Laerte Ramos de Carvalho, 133 01325-030 São Paulo SP Brasil
Tel. (11) 3293.8150 e-mail: info@wmfmartinsfontes.com.br
http://www.wmfmartinsfontes.com.br

SUMÁRIO

Capítulo 1
O problema do positivismo jurídico

I. *As posições fundamentais* 3
II. *A relevância prática da polêmica acerca do positivismo jurídico* 6
   1. A injustiça legal 6
   2. A formação do direito 9

Capítulo 2
O conceito de direito

I. *Principais elementos* 15
II. *Conceitos positivistas de direito* 17
   1. Conceitos de direito primariamente orientados para a eficácia 17
      1.1. Aspecto externo 18
      1.2. Aspecto interno 19
   2. Conceitos de direito primariamente orientados para a normatização 20
III. *Crítica dos conceitos positivistas de direito* .. 24
   1. A tese da separação e a tese da vinculação .. 24

2. Um quadro conceitual 28
   2.1. Conceitos de direito isentos de validade e conceitos de direito não isentos de validade 28
   2.2. Sistemas jurídicos como sistemas normativos e como sistemas de procedimentos .. 29
   2.3 A perspectiva do observador e a perspectiva do participante 30
   2.4. Conexões classificadoras e conexões qualificadoras 31
   2.5. Combinações 32
3. A perspectiva do observador 33
   3.1. Normas individuais 34
   3.2. Sistemas jurídicos 37
4. A perspectiva do participante 42
   4.1. O argumento da correção 43
   4.2. O argumento da injustiça 48
      4.2.1. Normas individuais 48
         4.2.1.1. O argumento linguístico 49
         4.2.1.2. O argumento da clareza 52
         4.2.1.3. O argumento da efetividade 55
         4.2.1.4. O argumento da segurança jurídica.... 62
         4.2.1.5. O argumento do relativismo 64
         4.2.1.6. O argumento da democracia 68
         4.2.1.7. O argumento da inutilidade 68
         4.2.1.8. O argumento da honestidade 71
         4.2.1.9. Conclusão 75
      4.2.2. Sistemas jurídicos 76
         4.2.2.1. A tese da irradiação 77
         4.2.2.2. A tese do colapso 80
   4.3. O argumento dos princípios 83
      4.3.1. A tese da incorporação 86
      4.3.2. A tese da moral 90
      4.3.3. A tese da correção 92

Capítulo 3
A validade do direito

I. Conceitos de validade 101
  1. O conceito sociológico de validade 101
  2. O conceito ético de validade 103
  3. O conceito jurídico de validade 103
II. Colisões de validade 105
  1. Validade jurídica e social 105
    1.1. Sistemas normativos 105
    1.2. Normas individuais 107
  2. Validade jurídica e moral 108
    2.1. Sistemas normativos 109
    2.2. Normas individuais 110
III. A norma fundamental 113
  1. A norma fundamental analítica (Kelsen). 114
    1.1. O conceito de norma fundamental 114
    1.2. A necessidade de uma norma fundamental 117
    1.3. A possibilidade de uma norma fundamental 122
    1.4. O conteúdo da norma fundamental 125
    1.5. **Status** *e funções da norma fundamental* .. 126
    1.5.1. Funções 126
    1.5.1.1. Transformação das categorias 126
    1.5.1.2. Estabelecimento de critérios 126
    1.5.1.3. Instituição da unidade 127
    1.5.2. Status 128
    1.5.2.1. Pressuposto necessário 129
    1.5.2.2. Pressuposto possível 130
    1.5.2.3. Norma pensada 131
    1.5.2.4. Insuscetibilidade de fundamentação 135
  2. A norma fundamental normativa (Kant).. 139
  3. A norma fundamental empírica (Hart) 145

Capítulo 4
Definição.. 149

Tradução das citações... 157
Referências bibliográficas... 161
Índice onomástico... 165

PREFÁCIO

Este livro surgiu durante um semestre de pesquisa, no âmbito de um projeto realizado em conjunto com Ralf Dreier, visando a uma exposição global concisa da teoria do direito. Como ele superou em muito, por sua extensão, um capítulo da obra planejada em comum, decidi-me por uma publicação separada. Agradeço o incentivo a Ernesto Garzón Valdés e Meinolf Wewel. Meu agradecimento especial a Ralf Dreier, cuja influência de anos pode ser reconhecida em cada linha. Contudo, assumo sozinho a responsabilidade por eventuais erros. Ademais, agradeço à senhora Heinke Dietmair sua incansável paciência e seu cuidado na preparação do manuscrito, bem como aos senhores Martin Borowski, Carsten Heidemann e Marius Raabe o auxílio na leitura das correções.

Kiel, janeiro de 1992
ROBERT ALEXY

CAPÍTULO 1
O problema do positivismo jurídico

I. *As posições fundamentais*

O principal problema na polêmica acerca do conceito de direito é a relação entre direito e moral. Apesar de uma discussão de mais de dois mil anos[1], duas posições fundamentais continuam se contrapondo: a positivista e a não positivista.

Todas as teorias positivistas defendem a *tese da separação*. Esta determina que o conceito de direito deve ser definido de modo que não inclua elementos morais. A tese da separação postula que não existe nenhuma conexão conceitualmente necessária entre o direito e a moral, entre aquilo que o direito ordena e aquilo que a justiça exige, ou entre o direito como ele é e como ele deve ser. O grande positivista jurídico Hans Kelsen resumiu essa ideia na seguinte fórmula: "Por isso, todo e qualquer conteúdo pode ser direito."[2]*

---

1. Assim, apenas para citar um exemplo, até hoje são distintas as respostas que se dão à pergunta, relatada por Xenofonte, feita por Alcibíades a Péricles: "Então, quando um tirano apodera-se de um Estado e impõe aos cidadãos o que eles devem fazer, isso também é uma lei?" (Xenofonte 1917, p. 16), se entendemos por "lei" uma lei juridicamente válida.

2. Kelsen, 1960, p. 201.

* Todos os trechos de outros autores citados nesta obra foram traduzidos diretamente a partir do original alemão de Robert Alexy. [N. da T.]

Assim, ao conceito positivista de direito restam apenas dois elementos de definição: o da legalidade conforme o ordenamento ou dotada de autoridade[3] e o da eficácia social. As numerosas variantes do positivismo jurídico[4] resultam das distintas interpretações e ponderações desses dois elementos de definição[5]. Todas elas têm em comum o fato de considerarem que o que é direito depende exclusivamente do que é estabelecido e/ou eficaz. Uma correção quanto ao conteúdo, seja de que natureza for, não tem nenhuma importância.

Em contrapartida, todas as teorias não positivistas defendem a *tese da vinculação*. Esta determina que o conceito de direito deve ser definido de modo que contenha elementos morais. Apesar disso, nenhum não positivista que deva ser levado a sério exclui do conceito de direito os elementos da legalidade conforme o ordenamento e da eficácia social. O que o diferencia do positivista é muito mais a concepção de que o conceito de direito

---

3. As expressões "legalidade conforme o ordenamento" e "legalidade dotada de autoridade" podem ser empregadas como sinônimas ou não. São empregadas como sinônimas quando se referem, em igual medida, a normas que estatuem a competência para o estabelecimento de normas, ou seja, que determinam quem está autorizado a estabelecer normas e de que forma. Ao estabelecer os critérios para a legalidade conforme o ordenamento, essas normas fundamentam a autoridade normativa. O que é estabelecido conforme o ordenamento também acaba sendo, sob essa condição, estabelecido com autoridade e vice-versa. Em contrapartida, as duas expressões não são empregadas como sinônimas quando apenas a expressão "legalidade conforme o ordenamento" refere-se a normas de competência, e a expressão "legalidade dotada de autoridade" remete apenas ou também ao poder fáctico para o estabelecimento de normas. Aqui é suficiente indicar essas variantes de significado. Como o fator do poder pode ser classificado como aspecto da efetividade da eficácia social, ambas as expressões serão empregadas, na sequência, como sinônimas. Na maioria das vezes, falar-se-á apenas em "legalidade conforme o ordenamento".

4. Cf. a respeito Ott, pp. 33-98.
5. Cf. R. Dreier, 1991, p. 96.

deve ser definido de forma que, além dessas características que se orientam por fatos reais, inclua elementos morais. Mais uma vez, são possíveis as mais diversas interpretações e ponderações.

II. A relevância prática da polêmica acerca do positivismo jurídico

A polêmica acerca do conceito de direito é uma polêmica sobre o que é direito. A esse respeito, todo jurista tem uma ideia mais ou menos clara que se exprime em sua prática. De modo geral, o conceito de direito que serve de base à prática jurídica é postulado como evidente, e, em casos comuns, mesmo quando sua solução é contestável, considera-se desnecessário fazer reflexões acerca de tal conceito. O mesmo não acontece nos casos incomuns. Nestes, o conceito de direito que existe por trás de toda prática jurídica vem à luz e torna-se um problema premente. Isso pode ser esclarecido com base em duas decisões do Tribunal Constitucional Federal.

1. A INJUSTIÇA LEGAL

Na primeira decisão, aquela sobre a cidadania [*Staatsangehörigkeitsbeschluß*], de 1968, trata-se do problema da injustiça legal. Por motivos racistas, o § 2 do 11.º Decreto da Lei de Cidadania do *Reich*, de 25 de novembro de 1941 (RGBl. [*Reichsgesetzblat, Diário Oficial do* Reich] I, p. 722), privava da nacionalidade alemã os judeus emigrados. O Tribunal Constitucional Federal tinha de decidir se um advogado judeu, que havia emigrado para Amsterdam pouco antes da Segunda Guerra Mundial, devia perder a cidadania alemã de acordo com esse dispositivo. Em 1942, o advogado foi deportado de Amsterdam. Nada se sabia sobre seu destino ulterior. Por isso, era de supor que havia morrido, o que significa que se devia excluir a possibilidade de ele recuperar a cidadania alemã nos termos do art. 116, § 2 da Lei Fundamental.

O Tribunal Constitucional Federal chegou à conclusão de que o advogado nunca havia perdido sua cidadania alemã, uma vez que o 11º Decreto da Lei de Cidadania do *Reich* era nulo *ab initio*. Eis sua fundamentação:

> "O direito e a justiça não estão à disposição do legislador. A ideia de que um 'legislador constitucional tudo pode ordenar a seu bel-prazer significaria um retrocesso à mentalidade de um positivismo legal desprovido de valoração, há muito superado na ciência e na prática jurídicas. Foi justamente a época do regime nacional-socialista na Alemanha que ensinou que o legislador também pode estabelecer a injustiça (BVerfGE [*Bundesverfassungsgericht*, Tribunal Constitucional Federal] 3, 225 (232)). Por conseguinte, o Tribunal Constitucional Federal afirmou a possibilidade de negar aos dispositivos 'jurídicos' nacional-socialistas sua validade como direito, uma vez que eles contrariam os princípios fundamentais da justiça de maneira tão evidente que o juiz que pretendesse aplicá-los ou reconhecer seus efeitos jurídicos estaria pronunciando a injustiça, e não o direito (BVerfGE 3, 58 (119); 6, 132 (198)).
>
> O 11º Decreto infringe esses princípios fundamentais. Nele, a contradição entre esse dispositivo e a justiça alcançou uma medida tão insustentável que ele foi considerado nulo *ab initio* (cf. BGH, RzW [*Bundesgerichtshof, Rechtsprechung zur Wiedergutmachungsrecht*, Decisões do Supremo Tribunal de Justiça alemão sobre o direito de reparação], 1962, 563; BGHZ [*Entscheidungen des Bundes-*

gerichtshofes in Zivilsachen, Decisões em matéria cível do Supremo Tribunal de Justiça alemão] 9, 34 (44); 10, 340 (342); 16, 350 (354); 26, 91 (93)). Esse decreto tampouco se tornou eficaz por ter sido aplicado durante alguns anos ou porque algumas das pessoas atingidas pela 'desnaturalização' declararam, em seu tempo, estarem resignadas ou de acordo com as medidas nacional-socialistas. Pois, uma vez estabelecida, uma injustiça que infrinja abertamente os princípios constituintes do direito não se torna direito por ser aplicada e observada."[6]

Esse é um argumento clássico do não positivismo. Uma norma estabelecida conforme o ordenamento e socialmente eficaz durante sua vigência tem sua validade ou – nesse ponto, a decisão não é unívoca – seu caráter jurídico negados porque infringe o direito suprapositivo.

Pode-se perguntar se na decisão sobre a cidadania esse argumento era realmente necessário. O Tribunal poderia ter tentado fundamentar sua conclusão aludindo exclusivamente ao fato de que o reconhecimento *atual* da eficácia jurídica da desnaturalização infringe tanto o princípio geral da igualdade, presente no art. 3, § 1 da Lei Fundamental, quanto a proibição de discriminação do art. 3, § 3 da Lei Fundamental.. No que se refere à decisão sobre a cidadania, essa possibilidade pode até minorar o peso do argumento não positivista, mas não sua relevância geral. Nem toda situação em que devem ser julgadas as consequências jurídicas de um regime injusto pode receber a aplicação de uma constituição como a da Lei Fundamental da República Federal da Alemanha. Além disso, existem casos nos quais importa saber se a norma era nula desde o início, e uma constituição ulte-

---

6. BVerfGE [*Entscheidungen des Bundesverfassungsgerichts,* Decisões do Tribunal Constitucional Federal alemão] 23, 98 (106).

rior não tem como fazer isso. Basta pensar, por exemplo, em normas de um regime injusto, normas essas estabelecidas conforme o ordenamento e socialmente eficazes, que exijam ou autorizem medidas que atentem contra os direitos humanos[7]. Se aqueles que agiram de acordo com essas normas podem ser punidos após a derrocada desse regime injusto é uma questão que depende essencialmente – se não for promulgada nenhuma lei retroativa – do fato de essas normas terem sido nulas ou não desde o início.

2. A FORMAÇÃO DO DIREITO

Na segunda decisão, aquela sobre a formação do direito [*Rechtsfortbildungsbeschluß*], de 1973, trata-se da admissibilidade da formação do direito por parte do juiz em contradição com o enunciado de uma lei, ou seja, da admissibilidade de uma decisão *contra legem*. De acordo com o § 253 do BGB [*Bürgerliches Gesetzbuch*, Código Civil alemão], exclui-se a indenização em dinheiro por danos imateriais, salvo nos casos estritamente delimitados e previstos em lei. O Supremo Tribunal de Justiça alemão não se ateve a essa regra. Desde 1958, já concedeu em muitos casos indenização em dinheiro para lesões graves do direito de personalidade. No caso em tela, tratava-se da publicação por uma revista semanal de uma entrevista inventada sobre assuntos particulares e que teria sido concedida pela princesa Soraya, ex-mulher do último xá do Irã. O Supremo Tribunal de Justiça alemão concedeu à princesa Soraya uma indenização no valor

---

7. Cf., por exemplo, BGHSt [*Entscheidungen des Bundesgerichtshofes in Strafsachen*, Decisões em matéria penal do Supremo Tribunal de Justiça alemão] 2, 173 (174 ss.).

de 15.000 marcos alemães. Isso contrariava o enunciado do § 253 do BGB, que admite a compensação por danos imateriais "somente nos casos determinados por lei". Evidentemente, o caso da princesa Soraya não estava entre eles. O Tribunal Constitucional Federal aprovou a jurisprudência do Supremo Tribunal de Justiça alemão. Eis uma parte essencial de sua fundamentação:

> "A vinculação tradicional do juiz à lei, um elemento sustentador do princípio da separação dos poderes e, por conseguinte, do estado de direito, foi modificada na Lei Fundamental, ao menos em sua formulação, no sentido de que a jurisprudência está vinculada à 'lei e ao direito' (art. 20, § 3). Com isso, segundo o entendimento geral, rejeita-se um positivismo legal estrito. A fórmula mantém a consciência de que, embora, em geral, lei e direito coincidam facticamente, isso não acontece de maneira constante nem necessária. O direito não é idêntico à totalidade das leis escritas. Quanto às disposições positivas do poder estatal, pode existir, sob certas circunstâncias, uma excedência de direito, que tem sua fonte no ordenamento jurídico constitucional como um conjunto de sentido e é capaz de operar como corretivo em relação à lei escrita; encontrar essa excedência de direito e concretizá-la em decisões é a tarefa da jurisprudência."[8]

Essa decisão é controversa. A crítica que se faz ao Tribunal Constitucional Federal é que os tribunais civis não poderiam decidir por si próprios sobre uma restrição do enunciado do § 253 do BGB. Pelo contrário, nos ter-

---

8. BVerfGE 34, 269 (286 s.). Com efeito, em decisões ulteriores, relativas à formação judicial do direito, muitas vezes o Tribunal Constitucional Federal mostrou-se mais moderado ao manifestar-se contra o enunciado da lei, mas manteve sua admissibilidade fundamental; cf. BVerfGE 35, 263 (278 ss.); 37, 67 (81); 38, 386 (396 s.); 49, 304 (318 ss.); 65, 182 (190 ss.); 71, 354 (362 s.); 82, 6 (11 ss.).

mos do art. 100, § 1 da Lei Fundamental, mediante o controle concreto de normas, teriam de recuperar uma decisão do Tribunal Constitucional sobre a constitucionalidade do § 253 do BGB[9]. A legitimidade dessa objeção depende, por um lado, da pertinência ou não da interpretação não positivista da cláusula "lei e direito" do art. 20, § 3 da Lei Fundamental, e, por outro, de como deve ser definida a relação entre esse dispositivo e o art. 100, § 1 do mesmo diploma, caso aquela interpretação seja correta. Aqui interessa somente o primeiro aspecto. A frase: "O direito não é idêntico à totalidade das leis escritas" conserva sua importância mesmo quando as decisões *contra legem* são consideradas inadmissíveis em geral, em virtude do processo previsto no sistema jurídico alemão pelo art. 100, § 1 da Lei Fundamental. O problema da decisão *contra legem* apresenta-se em todo sistema jurídico. Porém nem todo sistema jurídico conhece um processo de controle concreto de normas, da forma como ele é previsto pelo art. 100, § 1 da Lei Fundamental. Mais importante ainda é o fato de a relevância dessa frase ir além do âmbito das decisões *contra legem*, alcançando todos os casos duvidosos. Existirá um caso duvidoso, por exemplo, quando a lei a ser aplicada for imprecisa e as regras da metodologia jurídica não levarem necessariamente de modo exato a um resultado. Quem identifica o direito com a lei escrita, ou seja, quem defen-

---

9. Koch/Rüßmann, 1982, p. 255; cf. também Müller, 1986, pp. 69 s. O § 253 do BGB é direito pré-constitucional. Como direito pré-constitucional, e de acordo com a jurisprudência do Tribunal Constitucional Federal, o § 253 do BGB só pode ser examinado mediante o controle concreto de normas se o legislador federal "o tiver assimilado a sua vontade" (BVerfGE 64, 217 (220)). Não fosse assim, os tribunais civis poderiam ter declarado o § 253 do BGB como parcialmente inconstitucional por infringir o art. 2, § 1 c/c art. 1, § 1 da Lei Fundamental. Desse modo, estaria eliminada para eles a barreira do enunciado.

de a tese do positivismo legal[10] deve afirmar que, nos casos duvidosos, a decisão é determinada por fatores extrajurídicos. Totalmente diversa é a compreensão do não positivista. Como não identifica o direito com a lei, para ele, a decisão também pode ser determinada pelo direito, se a lei não a estipular de modo coercitivo. Com efeito, as distintas concepções a respeito do que é direito não levam necessariamente a resultados distintos, mas podem levar.

---

10. Aqui se contempla somente uma variante do positivismo, a do positivismo legal. O argumento pode ser facilmente trasladado para outras variedades do positivismo.

CAPÍTULO 2
O conceito de direito

I. Principais elementos

Pergunta-se qual conceito de direito é correto ou adequado. Quem pretende responder a essa pergunta deve relacionar três elementos: o da *legalidade* conforme o ordenamento, o da *eficácia* social e o da *correção* material. Conforme os pesos entre esses três elementos é repartido, surgem conceitos de direito completamente diferentes. Quem não atribui importância alguma à legalidade conforme o ordenamento e à eficácia social e considera exclusivamente a correção material obtém um conceito de direito puramente jusnatural ou jusracional. Quem segrega por completo a correção material, focalizando unicamente a legalidade conforme o ordenamento e/ou a eficácia social chega a um conceito de direito puramente positivista. No espaço compreendido entre esses dois extremos é possível conceber muitas formas intermediárias.

Essa tripartição mostra que o positivismo dispõe de dois elementos de definição. Um positivista excluirá o elemento da correção quanto ao conteúdo, mas, nesse caso, poderá definir a relação entre os elementos da legalidade conforme o ordenamento e da eficácia social de maneiras muito diferentes.

Surgem, assim, inúmeras variantes. Num primeiro momento, lançaremos um olhar sobre as diferentes expressões do positivismo jurídico. Em seguida, os conceitos positivistas de direito serão criticados como insuficientes.

II. Conceitos positivistas de direito

Os elementos da eficácia social e da legalidade conforme o ordenamento podem não apenas ser combinados entre si de diversas maneiras, como também ser interpretados de diferentes modos. Essa é a razão pela qual existe uma pluralidade quase inabarcável de conceitos positivistas de direito, que podem ser divididos em dois grupos principais: o dos conceitos de direito primariamente orientados para a eficácia e o dos conceitos de direito primariamente orientados para a normatização. A adição de "primariamente" tem por função tornar claro que, em regra, uma orientação representa apenas o ponto principal, o que significa que a outra não é totalmente excluída.

1. CONCEITOS DE DIREITO PRIMARIAMENTE ORIENTADOS PARA A EFICÁCIA

As definições de direito orientadas para a eficácia são encontradas sobretudo no campo das teorias sociológicas e realistas do direito. Elas se distinguem conforme se refiram ao aspecto externo ou interno de uma norma ou de um sistema normativo. Mais uma vez, na maioria dos casos, trata-se não de uma dicotomia estrita, mas de uma ponderação. Além disso, são frequentes as combinações[1].

1.1. Aspecto externo

O aspecto externo de uma norma consiste na regularidade de sua observância e/ou na sanção de sua não observância. O que importa é o comportamento observável, ainda que carente de interpretação. É nisso que se baseia a linha principal das definições sociológicas de direito. Exemplos disso são as definições de Max Weber e de Theodor Geiger. Max Weber afirma:

> "Um ordenamento se chamará: ... *direito*, quando for garantido externamente pela possibilidade de *coação* (física ou psíquica) por meio de uma ação, dirigida para a obtenção forçada da observância ou para a punição da violação, de um *grupo* de pessoas *especialmente* preparado para tanto."[2]

A definição de Theodor Geiger diz:

> "O que seria direito, ou seja, o conteúdo que, na prática, me parece deva ser designado com a palavra direito, já foi demonstrado com todos os pormenores: o ordenamento social da vida de um grande conjunto social centralmente organizado, contanto que esse ordenamento se

---

1. Um exemplo de combinação do aspecto externo com o interno pode ser encontrado em Ross, 1958, pp. 73 ss.
2. Weber, 1976, p. 17. Em seus detalhes, o conceito sociológico de direito de Max Weber é muito mais complexo do que o trecho citado faz parecer. Aqui, todavia, trata-se apenas da ideia fundamental. Isso também se aplica aos outros exemplos de definição. Para uma exposição mais detalhada do conceito de direito de Weber, cf. Loos, 1970, pp. 93 ss.

apoie num aparelho punitivo, manejado de forma monopolística por órgãos especiais."³

Os conceitos de direito orientados para a eficácia e que se baseiam no aspecto externo também são encontrados no âmbito da jurisprudência, especialmente no instrumentalismo pragmático. Um exemplo famoso é a definição profética de Oliver Wendell Holmes:

> "The prophecies of what the courts will do in fact, and nothing more pretentious, are what I mean by the law."⁴*

Definições desse tipo orientam-se primariamente pela perspectiva do advogado.

1.2. Aspecto interno

O aspecto interno de uma norma consiste na motivação – independentemente de como ela é formada – de sua observância e/ou aplicação. O que importa são as disposições psíquicas. Um exemplo de definição baseado nesse aspecto é a de Ernst Rudolf Bierling, na qual o conceito do reconhecimento desempenha um papel central:

> "Direito, no sentido jurídico, é, de modo geral, tudo o que as pessoas que convivem em alguma comunidade reconhecem reciprocamente como norma e regra dessa convivência."⁵

---

3. Geiger, 1987, p. 297.
4. Holmes, 1897, pp. 460 s.; cf. também Summers, 1982, pp. 116 ss.
* A tradução das citações em língua estrangeira encontram-se a pp. 157-8. (N. do E.)
5. Bierling, 1894, p. 19.

Outra variante da definição de direito em que o aspecto interno desempenha um papel essencial na forma de uma expectativa normativa de comportamento é encontrada em Niklas Luhmann:

"Podemos, então, definir o direito como a estrutura de um sistema social que se baseia na generalização congruente de expectativas normativas de comportamento."[6]

2. CONCEITOS DE DIREITO PRIMARIAMENTE ORIENTADOS PARA A NORMATIZAÇÃO

Os conceitos de direito orientados para a normatização são encontrados sobretudo no âmbito da teoria analítica do direito, ou seja, no campo das correntes da teoria do direito que se dedicam, em primeiro lugar, à análise lógica ou conceitual da prática jurídica. Enquanto a perspectiva do observador predomina nos conceitos de direito orientados para a eficácia, naqueles orientados para a normatização é a perspectiva do participante, especialmente a do juiz, que está em primeiro plano.

Um exemplo clássico de um conceito de direito orientado para a normatização é o de John Austin. Segundo ele, o direito compõe-se de comandos:

"Every law or rule... is a command."[7]

Um comando é definido pelo fato de ser reforçado por sanções:

---

6. Luhmann, 1972, p. 105.
7. J. Austin, 1885, p. 88.

> "A command is distinguished from other significations of desire, not by style in which the desire is signified, but by the power and the purpose of the party commanding to inflict an evil or pain in case the desire be disregarded."[8]

Nem todo comando é direito, somente aquele de uma instância politicamente superior:

> "Of the laws or rules set by men to men, some are established by political superiors, sovereign and subject: by persons exercising supreme and subordinate government, in independent nations, or independent political societies... To the aggregate of the rules thus established, or to some aggregate forming a portion of that aggregate, the term law, as used simply and strictly, is exclusively applied."[9]

Resumindo, pode-se dizer que Austin define o direito como a totalidade dos comandos de um soberano que são reforçados por sanções. É praticamente impossível existir uma orientação para a normatização mais forte do que essa. Todavia, os elementos da eficácia também não deixam de ter um papel importante na teoria de Austin, que, assim, combina o elemento da normatização com aquele da eficácia ao definir o soberano como alguém a quem costumeiramente se obedece:

> "If a determinate human superior, not in a habit of obedience to a like superior, receive habitual obedience from the bulk of a given society, that determinate superior is sovereign in that society..."[10]

---

8. *Ibid.*, p. 89.
9. *Ibid.*, pp. 86 s.
10. *Ibid.*, p. 221.

Os representantes mais importantes do positivismo jurídico orientado para a normatização no século XX são Hans Kelsen e Herbert Hart. Kelsen define o direito como um "ordenamento normativo coativo"[11], cuja validade baseia-se numa norma fundamental pressuposta,

> "segundo a qual se deve obedecer a uma constituição efetivamente estabelecida, globalmente eficaz e, por conseguinte, às normas efetivamente estabelecidas conforme essa constituição e globalmente eficazes"[12].

O *status* dessa norma fundamental será tratado mais adiante[13]. Por enquanto, basta observarmos que se trata de uma norma totalmente neutra quanto a seu conteúdo, meramente pensada e que, segundo Kelsen, deve ser pressuposta caso se pretenda interpretar um ordenamento coativo como um ordenamento jurídico. Nesse caso importa apenas que a definição de Kelsen, embora primariamente orientada para a normatização, também inclui o elemento da eficácia:

> "Na norma fundamental, faz-se da normatização e da eficácia as condições de validade; eficácia no sentido de que ela deve acrescentar-se à normatização, de modo que o ordenamento jurídico como um todo, bem como a norma jurídica individual, não perca sua validade."[14]

Segundo Hart, o direito é um sistema de regras que pode ser identificado por meio de uma regra de recognição ou de reconhecimento (*rule of recognition*). A função

---

11. Kelsen, 1960, pp. 45 ss.
12. *Ibid.*, p. 219.
13. Cf. *infra*, pp. 114 ss.
14. Kelsen, 1960, p. 219.

dessa regra corresponde à da norma fundamental de Kelsen. Todavia, conforme veremos em detalhes mais adiante, seu *status* é de um tipo completamente diferente[15]. Sua existência é um fato social:

> "The rule of recognition exists only as a complex, but normally concordant, practice of the courts, officials, and private persons in identifying the law by reference to certain criteria. Its existence is a matter of fact."[16]

Para o sistema jurídico inglês, Hart formula uma parte essencial da regra da recognição ou do reconhecimento no seguinte enunciado: "What the Queen in Parliament enacts is law."[17]

---

15. Cf. *infra*, pp. 145 ss.
16. Hart, 1961, p. 107.
17. *Ibid.*, p. 104.

III. Crítica dos conceitos positivistas de direito

O rápido exame dos conceitos positivistas de direito mostra que, no âmbito do positivismo jurídico, posições muito distintas são defendidas. Comum a todas elas é apenas a tese da separação entre direito e moral. Se houvesse certeza de que a tese positivista da separação é correta, a análise do conceito de direito poderia limitar-se inteiramente à questão acerca da melhor interpretação dos elementos da eficácia e da legalidade, bem como da melhor forma de relacionar esses dois elementos. Contudo, as decisões do Tribunal Constitucional Federal acima mencionadas mostram que a tese da separação, pelo menos, não pode ser considerada evidente. Por isso, cabe perguntar se um conceito positivista de direito é realmente adequado como tal. A resposta dependerá da pertinência ou não da tese da separação ou daquela da vinculação.

1. A TESE DA SEPARAÇÃO E A TESE DA VINCULAÇÃO

A tese da separação e a tese da vinculação dizem como o conceito de direito deve ser definido. Dessa maneira, formulam o resultado de uma argumentação, sem, contudo, exprimir os argumentos que as sustentam. Os argumentos que podem ser apresentados para sua sustentação podem ser divididos em dois grupos: analíticos e normativos[18].

O argumento *analítico* mais importante em favor da tese positivista da separação é o de que não existe nenhuma conexão conceitualmente necessária entre direito e moral. Todo positivista deve defender essa tese, pois, se admitir que existe uma conexão conceitualmente necessária entre direito e moral, já não poderá afirmar que o direito deve ser definido mediante a exclusão de elementos morais. Em contrapartida, o não positivista está livre no plano dos argumentos analíticos. Pode afirmar a existência de uma conexão conceitualmente necessária ou renunciar a ela. Se conseguir demonstrar a existência de uma conexão conceitualmente necessária, já terá decidido a polêmica em seu favor. Se não conseguir ou se

---

18. Poder-se-ia pensar num terceiro grupo, qual seja, o dos argumentos empíricos. Todavia, observando-se mais atentamente, fica demonstrado que os argumentos empíricos, em se tratando da definição do conceito de direito, seja no sentido da tese da separação, seja naquele da tese da vinculação, tornam-se parte integrante de argumentos analíticos ou normativos. É uma tese empírica a que afirma que um sistema jurídico que não protege nem a vida, nem a liberdade, nem a propriedade de um sujeito de direito qualquer não tem perspectiva alguma de vigência permanente. Mas a proteção da vida, da liberdade e da propriedade também é uma exigência moral. Portanto, pode-se dizer que o cumprimento de determinadas exigências morais mínimas é facticamente necessário para a vigência permanente de um sistema jurídico. O argumento empírico conduz exatamente até esse ponto, e não além. Para lançar a ponte até o conceito de direito, é preciso inseri-lo num argumento analítico que diga que, por razões conceituais, apenas os sistemas que têm uma vigência permanente são sistemas jurídicos. Por outro lado, a inserção num argumento normativo acontece, por exemplo, quando, para determinada definição de direito, apresenta-se como argumento a tese empírica de que determinados objetivos, como a sobrevivência, só podem ser alcançados quando o direito produz determinados conteúdos juntamente com a premissa normativa de que esse objetivo deve ser alcançado.

renunciar a afirmar a existência dessa conexão, nem por isso terá perdido a disputa. Poderá tentar apoiar em argumentos normativos sua tese de que o conceito de direito deve ser definido mediante a inclusão de argumentos normativos.

A tese da separação ou da vinculação é sustentada por um argumento *normativo* quando se demonstra que a inclusão ou não de elementos morais no conceito de direito é necessária para que se alcance determinado objetivo ou para que se cumpra determinada norma. Podem-se designar as vinculações ou separações assim fundamentadas como "normativamente necessárias"[19]. São argumentos normativos, por exemplo, a alegação de que somente a tese da separação conduziria a uma clareza linguístico-conceitual ou garantiria segurança jurídica, ou a afirmação, em prol da tese da vinculação, de que ela seria capaz de oferecer a melhor solução para os problemas da injustiça legal.

Nos debates mais recentes acerca do conceito de direito, é comum a concepção de que a expressão "direito" é tão ambígua e vaga que, na polêmica acerca do positivismo jurídico, não se poderia chegar a uma decisão mediante uma análise conceitual[20]. Nessa polêmica, haveria que se tratar unicamente de uma "determinação normativa, de uma proposta definitória"[21]. Por definição, esses tipos de conceituação só podem ser justificados por argumentos normativos ou por reflexões relativas à ade-

---

19. A necessidade normativa deve ser estritamente distinguida da necessidade conceitual. O fato de algo ser normativamente necessário quer dizer simplesmente que é ordenado. Pode-se contestar a validade de uma ordem sem incorrer numa contradição, mas não a existência de uma necessidade conceitual. Desse modo, fica claro que a necessidade normativa é apenas uma necessidade em sentido amplo.

20. Cf., em vez de muitos, Ott, 1976, pp. 140 ss.

21. Hoerster, 1986, p. 2.481.

quação. Essa tese pressupõe outra, segundo a qual uma conexão entre direito e moral não é conceitualmente impossível nem conceitualmente necessária. A primeira parte dessa tese, ou seja, a afirmação de que uma conexão entre direito e moral não é conceitualmente impossível, está correta. Existem situações em que uma afirmação como: "A norma N é estabelecida conforme o ordenamento e é socialmente eficaz, mas não é direito porque infringe princípios fundamentais" não contém nenhuma contradição. Mas deveria conter se uma conexão entre direito e moral fosse conceitualmente impossível. Por outro lado, deve-se desconfiar da segunda parte dessa tese, ou seja, da afirmação de que não existe conexão conceitualmente necessária entre direito e moral. Na sequência, dever-se-á demonstrar que essa conexão existe. Caso se consiga fazê-lo, então é incorreta a concepção corrente de que a polêmica acerca do conceito de direito trata exclusivamente de uma decisão relativa à adequação, que só pode ser justificada com argumentos normativos. Isso não significa que as reflexões normativas não desempenham um papel na discussão sobre o conceito de direito. Verificar-se-á, em primeiro lugar, que o argumento conceitual tem apenas um alcance limitado e, em segundo, que ele dispõe apenas de uma força limitada. Fora do alcance do argumento conceitual, e para ampliar sua força, fazem-se necessários argumentos normativos. A tese afirma, primeiramente, que existe uma conexão conceitualmente necessária entre direito e moral e, em segundo lugar, que existem razões normativas para a inclusão de elementos morais no conceito de direito. Em parte, tais razões reforçam a conexão conceitualmente necessária e, em parte, excedem essa conexão. Resumindo: existem tanto conexões conceitualmente necessárias quanto conexões normativamente necessárias entre direito e moral.

2. UM QUADRO CONCEITUAL

A fundamentação da tese de que existem tanto conexões conceitualmente necessárias quanto conexões normativamente necessárias entre direito e moral deve efetuar-se dentro de um quadro conceitual composto de cinco distinções[22].

2.1. Conceitos de direito isentos de validade e conceitos de direito não isentos de validade

A primeira distinção é entre conceitos de direito isentos de validade e não isentos de validade. *Não isento de validade* é um conceito de direito que inclui o conceito de validade. *Isento de validade* é um conceito de direito que não inclui o conceito de validade[23]. É fácil perceber que existe um motivo para essa distinção. Assim, pode-se afirmar, sem incorrer em contradição: "N é uma norma jurídica, mas N não é válida/já não é válida/ainda não é válida." Além disso, é possível conceber um sistema jurídico ideal e, desse modo, sem incorrer em contradição, afirmar: "Esse sistema jurídico nunca será válido." Contrariamente, aquele que se refere ao direito vigente não precisa falar de validade. Pode simplesmente afirmar: "O direito exige isso." Desse modo, fica claro que é possível tanto um conceito de direito que inclua o conceito de validade quanto um que não o inclua.

Para a discussão sobre o positivismo, recomenda-se escolher um conceito de direito que inclua a validade. Dessa forma, evita-se uma trivialização do problema que consiste em definir o direito, primeiramente, sem fazer

---

22. Cf. Alexy, 1990, pp. 11 ss.
23. Cf. a respeito H. Kantorowicz, s. d., pp. 32 ss.

referência à dimensão da validade, como uma classe de normas, por exemplo, para um comportamento externo[24], afirmando, então, que não existiria uma conexão conceitualmente necessária entre direito e moral, porque seria possível conceber normas para um comportamento externo com qualquer conteúdo. A inclusão do conceito de validade no conceito de direito significa uma inclusão do contexto institucional da formulação, da aplicação e da imposição do direito nesse conceito. Esse contexto pode ser importante para a questão de uma conexão conceitualmente necessária.

2.2. Sistemas jurídicos como sistemas normativos e como sistemas de procedimentos

A segunda distinção é entre o sistema jurídico como sistema normativo e o sistema jurídico como sistema de procedimentos[25]. Como sistema de *procedimentos*, o sistema jurídico é um sistema de ações baseadas em regras e direcionadas por regras, por meio das quais as normas são promulgadas, fundamentadas, interpretadas, aplicadas e impostas. Como sistema *normativo*, o sistema jurídico é um sistema de resultados ou de produtos de procedimentos que, de alguma maneira, criam normas. Pode-se dizer que aquele que considera o sistema jurídico um sistema normativo refere-se a seu aspecto externo. Em contrapartida, trata-se do aspecto interno

---

24. Cf. a respeito R. Dreier,1987, pp. 374 ss.
25. Sobre o sistema jurídico como um sistema de procedimentos, cf. Alexy, 1981, pp. 185 ss. A distinção de Lon Fuller entre "the purposive effort that goes into the making of law and the law that in fact emerges from that effort" (Fuller, 1969, p. 193) provavelmente se aproxima da distinção aqui encontrada entre norma e procedimento.

quando o sistema jurídico é considerado um sistema de procedimentos.

2.3. A perspectiva do observador e a perspectiva do participante

A terceira distinção é entre a perspectiva do observador e aquela do participante. Essa dicotomia é ambígua. Aqui será empregada na seguinte interpretação: a *perspectiva do participante* é adotada por quem, num sistema jurídico, participa de uma argumentação sobre o que nele é ordenado, proibido, permitido e autorizado. No centro da perspectiva do participante está o juiz. Quando outros participantes, tais como juristas, advogados ou cidadãos interessados no sistema jurídico apresentam argumentos a favor ou contra determinados conteúdos do sistema jurídico, eles se referem, em última instância, a como um juiz deveria decidir se pretendesse decidir corretamente. A *perspectiva do observador* é adotada por aquele que não pergunta o que é a decisão correta num determinado sistema jurídico, e sim como de fato se decide em determinado sistema jurídico. Exemplo de um observador desse tipo é o do americano branco de Norbert Hoerster, que, sob a vigência das leis do *apartheid*, queria viajar pela África do Sul com sua mulher de pele negra e se preocupava com detalhes jurídicos de sua viagem[26].

A distinção entre a perspectiva do participante e aquela do observador é semelhante à encontrada por Herbert Hart entre um ponto de vista interno e outro ex-

---

26. Hoerster, 1986, p. 2.481.

terno (*internal/external point of view*)[27]. Todavia, não se pode falar de uma correspondência em todos os aspectos já pelo próprio fato de a distinção de Hart ser ambígua[28]. Por isso, há que se estabelecer aqui que sempre que se fala de um ponto de vista interno e de outro externo sem um esclarecimento suplementar está-se falando exatamente do que foi definido como perspectiva do participante e perspectiva do observador.

2.4. Conexões classificadoras e conexões qualificadoras

A quarta distinção refere-se a dois tipos diferentes de conexão entre direito e moral. A primeira deve ser designada como "classificadora", e a segunda, como "qualificadora". Trata-se de uma conexão *classificadora* quando se afirma que normas ou sistemas normativos que não satisfazem determinado critério moral, por razões conceituais ou normativas, não são normas jurídicas nem sistemas jurídicos. Trata-se de uma conexão *qualificadora* quando se afirma que normas ou sistemas normativos que não satisfazem determinado critério moral, embora possam ser normas jurídicas ou sistemas jurídicos, são, por razões conceituais ou normativas, normas jurídicas ou sistemas jurídicos juridicamente defeituosos. O que importa é que o defeito afirmado seja um defeito jurídico e não meramente moral. Os argumentos que visam a conexões qualificadoras apoiam-se na suposição de que ideais jurídicos estão necessariamente contidos na realidade de um sistema jurídico. Por

---

27. Hart, 1961, pp. 86 s.
28. Cf. MacCormick, 1978, pp. 275 ss.

isso, também se poderia falar de uma "conexão ideal" em vez de "qualificadora".

2.5 Combinações

Às quatro distinções expostas, ou seja, entre um conceito de direito isento de validade e outro não isento de validade, entre norma e procedimento, entre observador e participante e entre conexões classificadoras e qualificadoras, há que se acrescentar a quinta distinção, já tratada, entre um *contexto conceitualmente necessário* e outro *normativamente necessário*. Completa-se, assim, o quadro conceitual. Ele torna claro que, com a tese de que existe uma relação necessária entre direito e moral, pode-se querer dizer coisas muito diversas. Dentro desse quadro são possíveis 32 combinações das características contidas nas cinco distinções. Para cada combinação é possível formular tanto a tese de que existe uma relação necessária quanto a de que ela não existe. Sendo assim, há ao todo 64 teses. No entanto, entre essas 64 teorias existem, sem dúvida, algumas relações implicativas, de modo que a verdade ou a falsidade de algumas das teses implica a verdade ou a falsidade de outras. Além disso, é possível que algumas combinações sejam conceitualmente impossíveis. Todavia, isso não muda em nada a noção fundamental de que na polêmica sobre as relações necessárias entre direito e moral há uma pluralidade de afirmações distintas. Uma explicação para a ausência de resultados nessa polêmica seria o fato de seus participantes muitas vezes não reconhecerem que a tese que defendem é totalmente diferente da que atacam, de modo que acabam travando discursos paralelos. Essa explicação ganha ainda mais plausibilidade quando se considera que, além das cinco distinções aqui apresentadas, é possível conceber outras, de maneira que a quantidade de teses possíveis poderia exceder 64.

Aqui, a pluralidade das teses já foi reduzida num aspecto: parte-se de um conceito de direito que inclui o conceito de validade. Outra simplificação seria produzida ao se colocar uma distinção em primeiro plano: aquela existente entre a perspectiva do observador, ou o ponto de vista externo, e a perspectiva do participante, ou o ponto de vista interno. As outras distinções encontram aplicação no âmbito dessa dicotomia. Por conseguinte, trata-se de saber qual tese é correta, se a da separação ou a da vinculação, partindo-se da perspectiva do observador ou daquela do participante.

3. A PERSPECTIVA DO OBSERVADOR

O problema do positivismo jurídico é discutido, na maioria das vezes, como problema de uma conexão classificadora entre direito e moral. Deseja-se saber se uma infração contra um critério moral qualquer subtrai das normas de um sistema normativo o caráter de normas jurídicas ou de todo o sistema normativo o caráter de sistema jurídico. Quem pretende responder afirmativamente a essa questão precisa mostrar que o caráter jurídico de normas ou de sistemas normativos perde-se quando se ultrapassa determinado limiar da injustiça ou da iniquidade. Justamente essa tese da perda da qualidade jurídica, quando se ultrapassa um limiar da injustiça – independentemente de como ela é determinada –, é designada como *"argumento da injustiça"*[29]. Este último não é

---

29. Cf. R. Dreier, 1991, p. 99. Outras designações são: argumento da tirania, argumento da *lex corrupta*, argumento da perversão e argumento do totalitarismo.

outra coisa senão a tese da vinculação relacionada a uma conexão classificadora. Aqui, deve-se perguntar, primeiramente, se a tese da vinculação, na forma do argumento da injustiça, é correta partindo-se da perspectiva do observador. Ao fazê-lo, há que se distinguir entre normas individuais de um sistema jurídico e sistemas jurídicos como um todo.

3.1. Normas individuais

A versão possivelmente mais conhecida do argumento da injustiça relacionado a normas individuais provém de Gustav Radbruch. Sua célebre fórmula diz:

> "O conflito entre a justiça e a segurança jurídica pode ser resolvido da seguinte maneira: o direito positivo, assegurado por seu estatuto e por seu poder, tem prioridade mesmo quando, do ponto de vista do conteúdo, for injusto e não atender a uma finalidade, a não ser que a contradição entre a lei positiva e a justiça atinja um grau tão insustentável que a lei, como 'direito incorreto', deva ceder lugar à justiça."[30]

Essa fórmula está não apenas na base da decisão sobre a cidadania[31] acima mencionada, mas também na de uma série de outras decisões do Tribunal Constitucional Federal e do Supremo Tribunal de Justiça alemão[32].

A questão é saber se a fórmula de Radbruch é aceitável do ponto de vista de um observador. Novamente,

---
30. Radbruch, 1973c, p. 345.
31. BVerfGE 23, 98 (106).
32. Cf. BVerfGE 3, 58 (119); 3, 225 (233); 6, 132 (198); 6, 309 (332); 6, 389 (414 s.); 54, 53 (67 s.); BGHZ 3, 94 (107); 23, 175 (181); BGHSt 2, 173 (177); 2, 234 (238 s.); 3, 357 (362 s.).

pode servir como exemplo o 11º Decreto da Lei de Cidadania do *Reich*, de 25 de novembro de 1941, que, por motivos racistas, privou os judeus emigrados da cidadania alemã. O Tribunal Constitucional Federal, referindo-se a essa fórmula, julgou tal decreto nulo *ab initio*. Isso aconteceu a partir da perspectiva do participante. Como um observador contemporâneo do sistema jurídico nacional-socialista – um jurista estrangeiro, por exemplo – que pretendesse redigir um relatório sobre o sistema jurídico do nacional-socialismo para uma revista jurídica de seu país natal descreveria o caso do judeu A desnaturalizado? Qualquer pessoa em seu país natal entenderia o enunciado:

(1) *A* é desnaturalizado segundo o direito alemão,

sem que fosse necessário acrescentar quaisquer esclarecimentos. O mesmo não acontece com o enunciado:

(2) *A* não é desnaturalizado segundo o direito alemão.

Se a esse enunciado não forem acrescentadas outras informações, ou ele informará mal, ou levará a uma confusão.

Isso já mostra que, partindo-se do ponto de vista externo de um observador, aqui examinado, não se faz necessária, ao menos conceitualmente, uma inclusão de elementos morais. Pelo contrário, existe razão para perguntar se, a partir desse ponto de vista, tal inclusão é conceitualmente impossível. Suponhamos que o relatório de nosso observador contenha o seguinte enunciado:

(3) *A* não é desnaturalizado segundo o direito alemão, não obstante todas as autoridades e todos os tribunais alemães tratem *A* como desnaturalizado e se apoiem

no enunciado de uma norma que, de acordo com os critérios de validade do sistema jurídico vigente na Alemanha, é estabelecida conforme o ordenamento.

Como enunciado de um observador, essa construção encerra uma contradição. Para um observador, integra o direito aquilo que os tribunais e as autoridades fazem apoiando-se no enunciado de normas que, de acordo com os critérios de validade do sistema jurídico vigente em questão, são estabelecidas conforme o ordenamento. Desse modo, fica claro que existe um emprego da expressão "direito" na perspectiva do observador, segundo a qual uma inclusão classificadora de elementos morais no conceito de direito que se refira a normas individuais não apenas é conceitualmente desnecessária, como também conceitualmente impossível. Diante disso, não se pode objetar dizendo que nosso observador poderá concluir seu relatório simplesmente com a seguinte pergunta aberta:

(4) *A é desnaturalizado de acordo com os critérios e o ordenamento vigentes na Alemanha, e a desnaturalização também é socialmente eficaz, mas pode ser considerada direito?*

Com essa pergunta, deixa-se a posição do observador e assume-se a do crítico. Com essa mudança de perspectiva, a expressão "direito" ganha outro significado[33]. Por isso, forçoso é constatar que, a partir da perspectiva de um observador, não é possível apoiar a tese da vincula-

---

33. Nesse caso, a mudança do significado também se refere ao que é conceitualmente necessário ou analiticamente verdadeiro. Quanto à tese de que aquilo que é conceitualmente necessário ou analiticamente verdadeiro depende do uso, cf. Hamlyn, 1967, p. 108.

ção de Radbruch numa conexão conceitualmente necessária entre direito e moral.

A esse argumento conceitual ou analítico somam-se uma reflexão sobre a adequação e, com ela, um argumento normativo. Norbert Hoerster afirmou que, em primeiro lugar, existe uma necessidade de dispor de uma designação neutra do ponto de vista axiológico para normas estabelecidas conforme o ordenamento e socialmente eficazes, como é o caso do 11º Decreto, e que, em segundo lugar, não existe uma alternativa utilizável para a expressão "direito"[34]. Há que se dar razão a essa assertiva no que concerne à perspectiva do observador[35]. Assim sendo, considerações tanto de cunho analítico quanto normativo levam à conclusão de que, do ponto de vista de um observador que contempla normas individuais e levanta questões acerca de uma conexão classificadora, a tese positivista da separação é correta. Partindo-se desse ponto de vista, o argumento da injustiça elaborado por Radbruch não pode ser aceito.

3.2. Sistemas jurídicos

O que é válido para uma norma individual não se aplica necessariamente a um sistema jurídico como um todo[36]. Por isso, há que se perguntar se entre um sistema jurídico como um todo e a moral existe uma relação concei-

---

34. Hoerster, 1987, p. 187.
35. Todavia, não se deve concordar com o que a tese diz em sua continuação, a saber, que aquilo que se aplica ao ponto de vista "que descreve a partir de uma perspectiva exclusivamente externa" também vale para todos os outros pontos de vista (Hoerster, 1987, pp. 187 s.). A pontos de vista diversos podem corresponder diferentes conceitos de direito, e a probabilidade de isso ocorrer é o que mostraremos mais adiante.
36. A esse respeito, cf. Hart, 1971, p. 46.

tualmente necessária. De novo, a pergunta deve ser feita a partir do ponto de vista de um observador que questiona sobre uma conexão classificadora, ou seja, que pretende saber se a infração de exigências morais de qualquer ordem priva de um sistema normativo o caráter de um sistema jurídico.

É possível distinguir dois tipos de exigências morais que podem encontrar-se numa relação necessária com o sistema jurídico: formais e materiais. Um exemplo de teoria que sustenta uma relação necessária entre critérios morais formais e o sistema jurídico é a teoria da moral interna do direito (*internal morality of law*), elaborada por Fuller. Entre esses critérios, Fuller inclui os princípios do estado de direito (*legality*), como o da generalidade da lei (*generality of law*), o da promulgação (*promulgation*) e o da proibição da retroatividade (*retroactive laws*)[37]. Em contrapartida, trata-se da conexão entre critérios morais materiais e o sistema jurídico quando Otfried Höffe assevera que sistemas normativos que não satisfazem determinados critérios fundamentais da justiça não são ordenamentos jurídicos[38]. Ele define esses critérios fundamentais da justiça pelo princípio da vantagem distributiva, que compreende o princípio da segurança coletiva. Este último, entre outros, exige que se proíbam todos os membros da comunidade jurídica de cometer homicídio (doloso ou culposo), roubo e furto[39].

Na discussão sobre tais conexões, há que se distinguir claramente entre conexões fácticas e conexões conceituais[40]. O fato de um sistema jurídico que não contém

---

37. Fuller, 1969, pp. 46 ss.
38. Höffe, 1987, pp. 159, 170.
39. *Ibid.*, pp. 169 ss.
40. Kelsen refere-se a uma conexão meramente fáctica quando designa um "mínimo de segurança coletiva" como "condição de uma eficácia relativa-

normas gerais, ou que contém somente normas secretas ou exclusivamente retroativas, ou ainda que não protege nem a vida, nem a liberdade, nem a propriedade de seus membros não ter a possibilidade de uma vigência permanente diante das características do mundo e das pessoas e, nesse sentido, não poder ter uma existência durável, é uma realidade empírica simples, mas importante, que não será aprofundada aqui. Trata-se, antes, de saber se tal sistema ainda se enquadra no conceito de sistema jurídico.

Existem dois tipos de ordenamento social que, independentemente do fato de poderem ou não desenvolver uma vigência permanente, não são sistemas jurídicos já por razões conceituais: os ordenamentos absurdos e os ordenamentos predatórios ou rapaces. Tem-se um ordenamento *absurdo* quando um grupo de indivíduos é dominado de tal modo que é impossível tanto reconhecer finalidades consistentes do(s) dominador(es) quanto perseguir de forma duradoura a finalidade dos dominados. Imagine-se uma grande quantidade de pessoas dominada por um grupo de bandoleiros armados. Os dominados não têm direito algum. Dentro do grupo dos indivíduos armados, toda forma de exercício da violência é permitida. Afora essa norma permissiva, não vigora outra norma geral[41]. Os indivíduos armados dão aos dominados ordens individuais por vezes contraditórias e sempre cambiantes, por vezes inexecutáveis. Se os dominados obedecem a uma ordem, é exclusivamente por medo da violência. Um ordenamento assim, já por razões conceituais, não é um sistema jurídico.

---

mente duradoura" (Kelsen, 1960, pp. 49 s.), mas não como elemento moral necessário do conceito de direito.

41. Nesse caso, Kelsen nem sequer falaria em "bando de saqueadores", já que, devido à ausência da proibição de violência, os bandoleiros não formariam uma comunidade e, portanto, não existiria "bando" (Kelsen, 1960, p. 48).

O ordenamento absurdo transforma-se em ordenamento *predatório* ou rapace quando os bandoleiros tornam-se bandidos organizados. Isso pressupõe, no mínimo, que se introduzam uma proibição de violência e uma hierarquia de ordens entre os indivíduos armados. Além disso, supõe-se que se decrete, para os dominados, um sistema de regras cuja única finalidade é cuidar para que eles continuem sendo objetos suscetíveis de exploração por muito tempo. Para escolher um exemplo extremo: uma das principais fontes de rendimento dos bandidos consiste em matar regularmente os dominados para vender seus órgãos. Para cumprir essa finalidade, precisam dispor de vítimas em perfeita saúde, o que os leva a proibir aos dominados que fumem, bebam ou pratiquem qualquer forma de violência. Essas regras não fundamentam direitos em relação aos bandidos. A finalidade da exploração é clara para todos, e os bandidos não fazem o menor esforço para escondê-la. Pode-se discutir se o sistema normativo vigente entre os bandidos é um sistema jurídico; em todo caso, o sistema em sua totalidade não o é já por razões conceituais[42]. Para fundamentar essa afirmação, deve-se considerar agora um terceiro ordenamento.

A longo prazo, o ordenamento predatório mostra-se inadequado. Por isso, os bandidos esforçam-se por uma legitimação. Transformam-se em dominadores, e, desse modo, o ordenamento predatório torna-se um *ordenamento de dominadores*. Estes persistem na exploração dos dominados. Todavia, os atos da exploração aconte-

---

42. O sistema dos bandidos é um caso em que o argumento do bando de salteadores de Santo Agostinho leva à contestação da qualidade jurídica. Cf. *idem*, 1979, p. 222: "Remota itaque iustitia quid sunt regna nisi magna latrocinia? Quia et latrocinia quid sunt nisi parva regna?"

cem mediante uma prática regrada. Afirma-se perante todos que essa prática é correta por servir a uma finalidade superior, por exemplo a do desenvolvimento do povo. Homicídios e saques contra dominados individuais, que, na realidade, servem apenas ao interesse dos dominadores na exploração, continuam possíveis a qualquer tempo, mas são punidos se não forem realizados segundo determinada forma, por exemplo com base na decisão tomada em comum acordo por três membros do grupo dos dominadores, e se não forem publicamente justificados pela finalidade de promover o desenvolvimento do povo.

Com essa etapa do desenvolvimento, transpõe-se um limiar. Não há dúvidas de que o sistema é extremamente injusto. Não obstante, do ponto de vista conceitual, já não se exclui que ele seja designado como "sistema jurídico". Trata-se, portanto, de saber em que reside a diferença entre o sistema dos dominadores e o sistema dos bandoleiros e dos bandidos. Essa diferença não reside na aplicação de regras gerais de qualquer tipo. Isso já acontece no sistema dos bandidos. Tampouco reside no fato de o sistema dos dominadores ser igualmente vantajoso para todos, ainda que apenas no plano mínimo da proteção da vida, da liberdade e da propriedade, pois nele os homicídios e saques cometidos contra os dominados também continuam possíveis a qualquer tempo. O ponto determinante é, antes, o fato de que, na prática do sistema dos dominadores, está ancorada uma *pretensão à correção*, correção essa que é exigida de todos. A pretensão à correção é um elemento necessário do conceito de direito. Essa tese será designada como "argumento da correção" e fundamentada na próxima seção. Aqui, antecipando-se a essa fundamentação, há que se constatar que sistemas normativos que não formulam explícita nem implicitamente uma pretensão à correção não são sistemas jurídicos. Todo sistema jurídico implica uma pretensão à correção[43]. Nesse sentido, a pretensão à correção tem uma importância classificadora. Somente em sentido indireto ou figurado poderá um observador designar como "sistema jurídico" um sistema normativo que não formule explícita nem implicitamente uma pretensão à correção.

Essa designação tem poucas consequências práticas. Sistemas normativos efetivamente existentes costumam formular a pretensão à correção, por menos justificada que ela seja. Os problemas relevantes na prática começam a surgir apenas quando a pretensão à correção é formulada, mas não satisfeita. Todavia, são relevantes as consequências sistemáticas da pretensão à correção. Tal pretensão limita um pouco mais a tese positivista da separação já na perspectiva do observador. Embora ela se aplique a essa perspectiva de forma ilimitada quando se trata de normas individuais, no caso dos sistemas jurídicos esbarra – ainda que apenas em casos extremos e improváveis na realidade – num limite definido pela pretensão à correção. Essa pretensão retrocede do limite para o centro quando se trata da perspectiva do participante. Assim, a pretensão à correção representa um nexo entre as duas perspectivas.

4. A PERSPECTIVA DO PARTICIPANTE

Ficou demonstrado que, a partir da perspectiva do observador, a tese positivista da separação é, em sua es-

---

43. Esse enunciado constitui o ponto de partida de uma reconstrução racional do enunciado um tanto obscuro de Radbruch: "O direito é a realidade que tem por sentido servir aos valores e à ideia de direito" (Radbruch, 1973a, p. 119).

sência, correta. Apenas no caso extremo e, na realidade, improvável de um sistema normativo que nem sequer formule uma pretensão à correção é que ela esbarrará num limite. Um quadro totalmente diferente surge quando se contempla o direito a partir da perspectiva de um participante, por exemplo, de um juiz. Partindo-se dessa perspectiva, a tese da separação é inadequada, e a da vinculação, correta. Para fundamentar essa afirmação, devem ser considerados três argumentos: o da correção, o da injustiça e o dos princípios.

4.1. O argumento da correção

O argumento da correção constitui a base dos outros dois argumentos, ou seja, o da injustiça e o dos princípios. Ele afirma que tanto as normas e decisões jurídicas individuais quanto os sistemas jurídicos como um todo formulam necessariamente a pretensão à correção. Sistemas normativos que não formulam explícita ou implicitamente essa pretensão não são sistemas jurídicos. Nesse sentido, a pretensão à correção tem uma relevância classificadora. Do ponto de vista jurídico, sistemas que formulam essa pretensão mas não a satisfazem são defeituosos. Nesse aspecto, a pretensão à correção tem uma relevância qualificadora. Cabe a ela uma relevância exclusivamente qualificadora quando se trata de normas jurídicas e de decisões jurídicas individuais. São juridicamente defeituosas quando não formulam ou não satisfazem a pretensão à correção.

Contra o argumento da correção pode-se objetar que não seria correto afirmar que uma pretensão à correção está necessariamente ligada ao direito. Para enfraquecer essa objeção, consideremos dois exemplos. No primeiro, trata-se do primeiro artigo de uma nova constituição para o Estado X, onde a minoria oprime a maioria. A minoria gostaria de gozar mais amplamente das vantagens da opressão da maioria, mas também gostaria de ser honesta. Sua assembleia constituinte vota, portanto, como primeiro artigo da constituição, a seguinte norma:

(1) X é uma república soberana, federal e injusta.

Esse artigo da constituição tem um defeito[44]. A questão é saber onde ele se encontra.

Poder-se-ia pensar que ele reside unicamente no fato de esse artigo ser inadequado. A minoria pretende manter a situação injusta. Contudo, as possibilidades de alcançar esse objetivo diminuirão se ela, ao menos, não alegar que ele é justo. Tal *defeito técnico* existe na realidade, mas ainda não explica a imperfeição desse artigo. Suponha-se que o novo artigo, com sua cláusula republicana, suprima uma monarquia anteriormente existente. Admita-se, ademais, que a maioria oprimida reverencie intensamente o antigo monarca, razão pela qual a situação atual é tão fortemente ameaçada pela introdução da república quanto pela caracterização do Estado como "injusto". Nesse caso, se a introdução da cláusula da injustiça fosse exclusivamente um defeito técnico, o legislador constitucional estaria cometendo, com a cláusula republicana, o mesmo erro no qual incorreria com a cláusula da injustiça. Mas não é esse o caso. A cláusula da injustiça tem algo de absurdo, a cláusula republicana, não.

Logo, deve existir outra explicação para a imperfeição do artigo. Poder-se-ia supor uma *imperfeição moral*.

---

44. Para um argumento semelhante, cf. MacCormick, 1986, p. 141.

Está claro que esta existe, mas é fácil perceber que isso também não é uma explicação completa. Suponha-se que a injustiça consista no fato de se negar determinados direitos aos membros de determinada raça. Sob aspectos morais, não significaria uma diferença se a cláusula da injustiça fosse suprimida e substituída por um segundo artigo que negasse esses direitos aos membros dessa raça. Sob o aspecto da imperfeição, entretanto, continuaria existindo uma diferença.

A explicação para tanto poderia estar no fato de se ter violado uma convenção difundida, mas não necessária, sobre a redação de textos constitucionais, ou seja, de existir um *defeito convencional*. Não há dúvida de que se está violando uma convenção difundida. Mas isso tampouco é, por si só, uma explicação completa. A regra violada é mais do que uma mera convenção. Isso pode ser percebido no fato de ela não poder ser mudada nem mesmo em caso de alteração de circunstâncias e preferências. Pelo contrário, ela é constitutiva para a prática da legislação constitucional. E isso também fica claro no fato de um artigo como:

(2) X é um Estado justo,

ser redundante numa constituição.

Assim, o que resta é apenas um *defeito conceitual*. Aqui, essa expressão é empregada num sentido amplo, que também se refere a infrações de regras constitutivas dos atos de fala, ou seja, a expressões linguísticas como ações. Ao ato de legislação constitucional está necessariamente vinculada uma pretensão à correção, que, nesse caso, é sobretudo uma pretensão à justiça. Um legislador constitucional incorre numa contradição performativa quando o conteúdo de seu ato constitucional-legislativo nega essa pretensão, não obstante ele a formule com sua execução[45].

No segundo exemplo, um juiz pronuncia a seguinte sentença:

(3) O réu é condenado à prisão perpétua, o que é incorreto.

Essa frase carece de interpretação. Dessa forma, o juiz pode querer dizer que sua sentença contraria o direito positivo. Mas ele também pode querer dizer que, embora corresponda ao direito positivo, ela é injusta. Essas e outras interpretações levam a inúmeros problemas que não serão tratados aqui. Somente a seguinte interpretação interessa:

(4) O réu é condenado à prisão perpétua em virtude de uma interpretação incorreta do direito vigente.

Sem dúvida, com essa sentença, o juiz sai de seu papel social e viola, em todos os sistemas jurídicos, regras do direito positivo que o obrigam a interpretar corretamente o direito vigente. Mas ele também estaria infringindo regras sociais se pronunciasse a sentença com a barba por fazer e vestindo uma toga imunda. Da mesma forma, a sentença infringiria regras do direito positivo se, não obstante a interpretação fosse realmente incorreta, o juiz acreditasse e reivindicasse que ela é correta. Inversamente, também se estaria cometendo um erro se o juiz supusesse erroneamente que sua interpretação é incorreta e que a manifestação desse erro na sentença não infringe o direito positivo. Isso torna claro que o que exis-

---

45. Nesse sentido, existe certa analogia com o famoso exemplo de John Langshaw Austin: "The cat is on the mat but I do not believe it is" (J. L. Austin, 1962, pp. 48 ss.; *idem*, 1970, pp. 63 ss.)

te aqui é mais do que uma irregularidade social ou jurídica[46]. O juiz incorre numa contradição performativa e, nesse sentido, comete um erro conceitual. Com uma decisão judicial pretende-se sempre que o direito seja corretamente aplicado, por menos que essa pretensão seja satisfeita. O conteúdo da sentença contradiz essa pretensão formulada com a execução do ato institucional da condenação.

Ambos os exemplos mostram que os participantes de um sistema jurídico nos mais diversos níveis formulam necessariamente uma pretensão à correção. Se e na medida em que essa pretensão tem implicações morais, fica demonstrada a existência de uma conexão conceitualmente necessária entre direito e moral.

Todavia, isso ainda não comprova a tese da vinculação. Um positivista pode concordar com o argumento da correção e, ainda assim, insistir na tese da separação. Para tanto, ele dispõe de duas estratégias. Primeiramente, pode sustentar que o não cumprimento da pretensão à correção ainda não acarreta a perda da qualidade jurídica. A pretensão à correção – abstraindo-se o caso-limite do sistema normativo que não a formula em nenhum aspecto – fundamentaria, na melhor das hipóteses, uma conexão qualificadora, mas não classificadora. Por essa razão, a tese da separação – abstraindo-se o caso-limite mencionado – não seria afetada pelo argumento da correção, ao menos não ao se basear numa conexão classificadora. A segunda estratégia é escolhida quando se afirma que a pretensão à correção tem um conteúdo trivial que não inclui implicações morais, razão pela qual ela não poderia levar a uma conexão conceitualmente ne-

---

46. De outra opinião é Neumann, 1986, pp. 68 ss., que, a esse respeito, refere-se ao seguinte exemplo: "Em nome do povo, o senhor N. é condenado a dez anos de prisão, embora não existam boas razões para tanto."

cessária entre direito e moral. A primeira objeção conduz ao argumento da injustiça, enquanto a segunda, àquele dos princípios.

4.2. O argumento da injustiça

O argumento da injustiça, por sua vez, pode ser relacionado a normas individuais ou a sistemas jurídicos como um todo. Ele será analisado primeiramente em relação às normas individuais.

4.2.1. *Normas individuais*

Nessa versão, as normas individuais de um sistema jurídico perdem o caráter jurídico quando determinado limiar da injustiça ou da iniquidade é transposto. Sua variante mais conhecida é a fórmula de Radbruch, cuja solidez já foi discutida e negada a partir do ponto de vista de um observador. Doravante, trata-se de saber se o argumento da injustiça, do modo como a fórmula de Radbruch o exprime, é aceitável do ponto de vista de um participante. Para tanto, ressalte-se que a fórmula de Radbruch não afirma que uma norma perde seu caráter jurídico por ser injusta. O limiar é fixado mais acima. O caráter jurídico só há de se perder se a injustiça atingir um "grau insustentável". Novamente, pode servir como exemplo o 11.º Decreto da Lei de Cidadania do *Reich*.

Hoje reina ampla unanimidade quanto ao fato de a polêmica acerca da fórmula de Radbruch não poder ser decidida unicamente com base em argumentos analíticos ou conceituais. Trata-se de uma conceituação adequada ou apropriada, que deve ser justificada com argumentos normativos[47]. Contudo, nela há que se considerar o argumento da correção. Os argumentos normativos a favor e contra o argumento da injustiça devem ser apreciados a sua luz. Quando se afirmou acima que ele também constitui a base do argumento da injustiça, foi exatamente nesse sentido que se quis dizer.

As múltiplas posições defendidas na polêmica acerca da fórmula de Radbruch podem ser resumidas em oito argumentos: o linguístico, o da clareza, o da efetividade, o da segurança jurídica, o do relativismo, o da democracia, o da inutilidade e o da honestidade.

4.2.1.1. O argumento linguístico

Não é possível apresentar um argumento linguístico-conceitual concludente contra ou a favor do argumento da injustiça diante do caráter ambíguo e vago da expressão "direito". Contudo, pode-se defender a tese normativa de que a inclusão de elementos morais no conceito de direito exigida pelo argumento da injustiça levaria a uma determinação linguística inadequada. Assim, Hoerster censurou, por exemplo, o não positivista que não pretenda qualificar o 11º Decreto como direito por ele esquecer "de dizer qual palavra usual de nossa língua poderia substituir o conceito de direito, que ele carrega de moral, em sua função axiologicamente neutra"[48]. Segundo ele, o não positivista perde a possibilidade de tornar uma norma como o 11º Decreto compreensível para a generalidade. Isso só poderia acontecer sem problemas se ela fosse designada como "direito".

---

47. Cf. *supra*, pp. 24 ss.
48. Hoerster, 1987, p. 187; *idem*, 1990, p. 27.

Observou-se acima que esse argumento é pertinente do ponto de vista de um observador[49]. Todavia, a situação muda quando se adota a perspectiva do participante. Isso pode ser demonstrado com a ajuda da dicotomia entre norma e procedimento. O observador vê o 11.º Decreto como *resultado* de um procedimento de criação de normas do qual outras pessoas participaram. Da mesma forma, para ele, uma sentença baseada nesse decreto é resultado de um procedimento, mais exatamente de um procedimento de aplicação de normas no qual ele não tomou parte. Se norma e sentença coincidirem, ele não verá razão para que ambas não sejam designadas como "direito". Se ambas não coincidirem, ele se perguntará se deve descrever uma contradição ou constatar um direito jurisprudencial derrogante (*derogierendes Richterrecht*). A partir da perspectiva do participante, surge outro quadro. Certamente, também para o participante – por exemplo para o juiz –, o 11.º Decreto é, antes de tudo, resultado de um procedimento de criação da norma. Mas para ele é apenas para ter uma segunda propriedade. Esta consiste em ser o 11.º Decreto o *ponto de partida* de um procedimento de aplicação da norma no qual o participante toma parte e cujo resultado aparece com a pretensão à correção.

Ainda não se trata aqui de argumentos substanciais, e sim apenas do emprego conveniente da expressão "direito". Por isso, o argumento linguístico não pode prejudicar argumentos substanciais, o que significa que ele tem de ser compatível com várias teses substanciais. Tomemos a tese substancial de que existem boas razões jurídicas para que o juiz não aplique o 11.º Decreto, e sim pronuncie uma sentença que contradiga seu enunciado.

---

49. Cf. *supra*, p. 37.

Sob essa condição prévia, não seria adequado que esse juiz dissesse que o 11º Decreto é direito. Como decide por razões jurídicas, ele também precisa qualificar sua sentença de "direito". Porquanto esta contraria o 11º Decreto, a classificação deste último como "direito" teria como consequência a necessidade de ele caracterizar como "direito" as normas opostas entre si, a saber, a norma geral estatuída pelo decreto e a norma individual expressa pela sentença. Essa contradição pode ser facilmente solucionada se o juiz disser que, embora, *prima facie*, o 11º Decreto seja direito, no resultado ele não o é. Com isso se exprime que, ao longo do procedimento de aplicação, é-lhe negado o caráter jurídico. Existindo boas razões jurídicas para não se aplicar o 11º Decreto, o juiz não só pode como deve dizer que, no resultado, ele não é direito, para evitar uma contradição. Por isso, o argumento linguístico de Hoerster só estaria correto se nunca pudessem existir boas razões jurídicas para decidir contra o enunciado de uma lei extremamente injusta. Se essas razões puderem existir num caso qualquer, o argumento linguístico de Hoerster é incorreto a partir da perspectiva do participante. Porém, querer saber se nunca podem existir boas razões jurídicas do tipo mencionado é uma questão substancial que não pode ser resolvida com base numa reflexão sobre o uso linguístico adequado. Isso significa que o argumento linguístico de Hoerster não pode fundamentar objeção alguma contra a inclusão de elementos morais no conceito de direito que, segundo a perspectiva do participante, é apropriado. Ao contrário, existindo razões substanciais em favor dessa inclusão, o uso linguístico deve segui-la.

4.2.1.2. O argumento da clareza

O segundo argumento na polêmica acerca da fórmula de Radbruch é o da clareza, que encontrou uma formulação clássica em Hart:

> "Pois, se concordarmos com a opinião de Radbruch e, juntamente com ele e com os tribunais alemães, revestirmos nosso protesto contra leis abomináveis com a afirmação de que certas normas, por sua inconsistência moral, não podem ser direito, traremos desorientação para uma das formas mais intensas, posto que simples, de crítica moral. Se nos apropriarmos da linguagem clara dos utilitaristas, diremos que as leis positivas podem ser direito, mas um direito abominável demais para merecer obediência. Esta é uma condenação moral que qualquer um compreende e que exige observância moral de forma imediata e evidente. Mas, se fizermos valer nosso protesto de forma que essas coisas abomináveis não sejam direito, estaremos afirmando algo em que muitas pessoas não acreditam e que – se elas estiverem realmente prontas para refletir a respeito – deve provocar uma grande quantidade de questões filosóficas polêmicas antes que possam ser aceitas... Se os ricos meios da linguagem clara encontram-se a nossa disposição, não podemos apresentar a crítica moral a normas como teses de uma filosofia contestável."[50]

À primeira vista, não se pode negar a essa objeção certa legitimidade. Um conceito positivista de direito que dispense toda e qualquer inclusão de elementos morais é mais simples e, ao menos nesse sentido, mais claro que um conceito de direito que contenha elemen-

---

50. Hart, 1971, pp. 45 s.; de modo semelhante, Hoerster, 1987, pp. 187 s.; *idem*, 1986, pp. 2.481 s.

tos morais. Por outro lado, há que se considerar, porém, que clareza, no sentido de simplicidade, não é o único objetivo de uma conceituação. A simplicidade não deve existir à custa da adequação[51]. Além disso, um conceito complexo também pode ser claro. Há poucos motivos para temer que os juristas se confundam com a inclusão de elementos morais no conceito de direito[52]. Eles estão acostumados a lidar com conceitos complicados. No que diz respeito ao cidadão, a falta de clareza não surge, em primeiro lugar, com a inclusão de elementos morais no conceito de direito. O cidadão também pode se confundir com a informação de que até mesmo a injustiça extrema é direito. A falta de clareza é criada muito mais pela dificuldade de traçar, em muitos casos, uma linha divisória entre normas que são extremamente injustas e normas que não o são. Mas isso não é um problema do argumento da clareza, e sim daquele da segurança jurídica. No caso do argumento da clareza, trata-se apenas de saber se elementos morais devem realmente ser incluídos no conceito de direito.

Isso significa que o argumento da clareza apresentado por Hart e por Hoerster não tem em mira indeterminações conceituais gerais. Trata-se, antes, de como um conflito entre direito e moral deve ser entendido do ponto de vista conceitual. Hart e Hoerster tampouco desejam solucionar o conflito em caso de extrema injustiça. Segundo eles, o que o direito exige é uma coisa, e o que a moral reclama é outra. A moral pode permitir ou exigir que o jurista, como ser humano e cidadão, negue obediência ao direito. Contudo, aquilo a que se nega obediência continua sendo direito. Qualquer outra representação

---

51. Cf. Ott, 1988, p. 343.
52. *Ibid.*, pp. 349 s.

dissimularia "a verdadeira natureza do problema que nos é colocado"[53]. O positivista poderia discutir as questões ligadas à injustiça legal "de forma não velada, como aquilo que elas são, ou seja, questões de ética". Em contrapartida, o não positivista correria o "risco de encobrir seu caráter ético ao deslocá-las para o conceito de direito mediante sua definição"[54].

Seria correta essa objeção da tentativa de dissimular, velar e encobrir o problema? A resposta é não. O não positivista não nega o caráter ético do problema. Apenas sustenta que o problema ético, em caso de injustiça extrema, é, ao mesmo tempo, um problema jurídico. Isso faz com que ele extraia consequências jurídicas de seu julgamento moral. No que diz respeito ao conteúdo, sua argumentação pode coincidir com a do positivista, e, como este, ele deve manifestar seus argumentos e trazê-los para a discussão. O fato de ele não perseverar no ponto de vista da moral em caso de injustiça extrema mas passar deste para o ponto de vista do direito não significa que ele esteja tentando velar o problema, e sim que esteja tentando exprimir uma tese de conteúdo. Esta não pode ser atacada com o argumento formal da clareza, mas somente com argumentos substanciais.

Resta a objeção de uma "filosofia contestável", que poderia levantar "uma grande quantidade de questões filosóficas polêmicas"[55], levando, assim, à falta de clareza e à confusão. Todavia, essa objeção também pode ser oposta ao positivismo, pois, do mesmo modo, exprime determinada filosofia do direito sobre a qual se pode polemizar. Nessa polêmica, contrapõem-se fundamentalmente, com os mesmos direitos, o positivismo e o não

---

53. Hart, 1971, p. 44.
54. Hoerster, 1987, p. 187.
55. Hart, 1971, p. 46.

positivismo. A pretensão à correção, necessariamente vinculada ao direito, que fala mais em favor do não positivismo, mostra que o positivismo não pode pretender para si algo como a correção. Por isso, nem mesmo o argumento da clareza é capaz de derrotar os não positivistas.

4.2.1.3. O argumento da efetividade

Radbruch era positivista antes dos tempos do nacional-socialismo[56]. Depois de 1945, mudou sua concepção e passou a defender a opinião de que o positivismo jurídico deixou "tanto os juristas quanto o povo desarmados contra leis ainda tão arbitrárias, ainda tão cruéis, ainda tão criminosas"[57]. A inclusão de elementos morais no conceito de direito por ele reclamada tem por função "armar... [os juristas] contra o retorno de semelhante Estado injusto"[58]. Contra isso, Hart objetou que seria ingênuo supor que uma definição não positivista do direito poderia ter algum efeito contra a injustiça legal[59]. Hoerster precisou esse argumento relativo à efetividade do conceito não positivista de direito. Segundo ele, as expectativas que Radbruch associa ao conceito não positivista de direito baseiam-se numa "imensa superestimação"[60] dos efeitos que o teórico ou o filósofo do direito têm sobre o comportamento dos cidadãos e dos juristas:

> "Pois não se pode mudar a realidade com a mera definição de um conceito. Desconsiderando-se seu caráter imoral, uma lei moralmente duvidosa, mas promulgada

---

56. Radbruch, 1973a, pp. 174 ss.
57. *Idem*, 1973b, p. 327.
58. *Idem*, 1973c, p. 347.
59. Cf. Hart, 1971, p. 42; *idem*, 1961, p. 205.
60. Hoerster, 1987, p. 185.

no âmbito do ordenamento jurídico vigente – quer o filósofo do direito a designe como "direito válido", quer não – possui todas as características de uma lei moralmente irrepreensível: é realizada em harmonia com a constituição vigente; é aplicada e imposta pelas autoridades jurídicas; e quem lhe recusar obediência (em razão de seu caráter imoral, por exemplo), terá de contar com as consequências usuais de uma violação do direito. Não é possível eliminar todos esses fatos nem mesmo escolhendo a definição antipositivista do conceito de direito, eivada de moral."[61]

A tese de que um conceito não positivista de direito não teria efeito algum contra a injustiça legal pode ser aguçada com a afirmação de que, além de não promover o combate da injustiça legal, esse conceito chega a dificultá-lo. O positivismo, com sua rígida separação entre deveres jurídicos e morais, favoreceria uma postura crítica perante o direito. Em contrapartida, aquele que começa pela inclusão de elementos morais no conceito de direito correria o risco de identificar exigências jurídicas com exigências morais de forma acrítica. Assim, Kelsen rejeita a tese "de que somente um ordenamento social moral é direito", entre outras coisas

"porque, em sua aplicação efetiva mediante a jurisprudência dominante em determinada comunidade jurídica, ela leva a uma legitimação acrítica do ordenamento estatal coativo que constitui essa comunidade"[62].

Desse modo, nos limites do argumento da efetividade, há que se distinguir duas teses. A primeira afirma

---

61. *Ibid.*, p. 186.
62. Kelsen, 1960, p. 71; no mesmo sentido, Hoerster, 1990, p. 32; cf. também H. Dreier, 1991, p. 133.

que um conceito não positivista de direito não pode desenvolver efeito algum contra a injustiça legal. A segunda diz que um conceito não positivista de direito comporta o risco de legitimar a injustiça legal de forma acrítica. A segunda tese vai mais longe e será examinada em primeiro lugar.

Com efeito, o risco de uma legitimação acrítica existiria caso a tese não positivista da vinculação afirmasse que uma norma só é jurídica se seu conteúdo é condizente com a moral. É essa variação da tese da vinculação que Kelsen e Hoerster têm em mente quando formulam a objeção da legitimação acrítica. Assim, Kelsen fala da "tese de que o direito, por sua essência, é moral"[63], e, segundo Hoerster, a tese da vinculação diz: "Uma norma só é legal quando é moral", o que, do ponto de vista lógico, é equivalente à proposição: "Quando uma norma é legal, ela é moral."[64] Se partirmos dessa versão da tese da vinculação, que pode ser qualificada de "forte", todo jurista que identificar uma norma como sendo jurídica terá de classificá-la, ao mesmo tempo, como moralmente justificada. De fato, isso comportaria o risco de uma legitimação acrítica do direito.

A objeção da legitimação acrítica ignora, porém, que um não positivista não precisa defender a tese forte da vinculação, que contém o postulado de uma coincidência de conteúdo entre toda norma jurídica e a moral. A fórmula de Radbruch diz expressamente "que o direito positivo, assegurado por seu estatuto e por seu poder, tem prioridade mesmo quando, do ponto de vista do conteúdo, é injusto e não atende a uma finalidade"[65]. O caráter jurídico só se lhe esvairá quando a contradição

---

63. Kelsen, 1960, p. 71.
64. Hoerster, 1990, p. 32.
65. Radbruch, 1973c, p. 345.

entre direito e moral atingir um grau "insustentável", ou seja, extremo. Isso pode ser chamado de "tese fraca da vinculação".

A tese fraca da vinculação não leva a uma identificação do direito com a moral. Segundo ela, normas injustas e, por conseguinte, imorais também podem ser direito. Com isso, ela admite, assim como o positivismo jurídico, uma crítica moral do direito e, nesse sentido, possibilita, como ele, uma postura crítica. A diferença está unicamente no fato de que o caráter jurídico se perde a partir de certo limiar. Então, poder-se-ia pensar que isso já seria o suficiente para uma legitimação acrítica. Os juristas tenderiam a dizer que esse limiar não foi ultrapassado e que, por essa razão, seu sistema jurídico possui ao menos uma legitimação moral mínima. Mas a isso se deve opor o caráter do limiar. Trata-se de injustiças extremas. Uma formulação exemplar é encontrada na decisão sobre a cidadania:

> "A tentativa de exterminar física e materialmente determinadas parcelas da própria população, incluídas mulheres e crianças, segundo critérios 'racistas' nada tem em comum com o direito e a justiça."[66]

Se alguns julgamentos morais podem ser fundamentados com a pretensão a uma obrigatoriedade intersubjetiva, certamente também podem sê-lo aqueles que exprimem que a persecução de tais objetivos é extremamente imoral e injusta. O limiar a partir do qual as normas perdem seu caráter jurídico é marcado por exigências morais mínimas. O direito humano elementar à vida e à integridade física é um exemplo. Afirma-se que ao

---

66. BVerfGE 23, 98 (106).

menos exigências morais desse tipo são suscetíveis de uma fundamentação racional[67]. Se essa afirmação estiver correta, haverá poucas razões para temer algo como uma "legitimação acrítica" de normas que se situem acima do limiar da injustiça extrema. Ela traria, no mínimo, algumas dificuldades. Isso seria uma razão para que, muitas vezes, atos bárbaros de injustiça não fossem executados segundo formas jurídicas que seguem o ordenamento, e sim com base em ordens mais ou menos secretas[68].

Por conseguinte, forçoso é constatar um duplo resultado. Em primeiro lugar, a teoria fraca da vinculação, que encontra expressão, por exemplo, na fórmula de Radbruch, não fundamenta, abaixo do limiar da injustiça extrema, o risco de uma legitimação acrítica, uma vez que, nesse caso, uma contradição entre direito e moral não elimina o caráter jurídico. Em segundo lugar, não existirá, pelo menos acima desse limiar, o risco de uma legitimação acrítica se as exigências morais mínimas que marcam o limiar forem suscetíveis de uma fundamentação racional. Ademais, há que se observar que uma legitimação acrítica do direito vigente em questão também é possível a partir do ponto de vista positivista da estrita separação entre direito e moral, pois também é possível afirmar uma coincidência de conteúdo sobre a base de uma separação conceitual.

A segunda objeção vindicada nos limites do argumento da efetividade contra o conceito não positivista de direito diz que tal conceito não poderia desenvolver efeito algum contra a injustiça legal. A objeção da ineficácia é bem mais legítima. Há que se concordar com Hart e Hoerster que definições teórico-jurídicas ou filo-

---
67. Cf. Alexy, 1991b.
68. A esse respeito, cf. Ott, 1991, pp. 519 ss.

sófico-jurídicas do conceito de direito como tais não são capazes de mudar a realidade. Para um juiz num Estado injusto não existe uma diferença relevante entre ele recorrer a Hart, negando-se a aplicar uma lei extremamente injusta por razões *morais*, ou a Radbruch, utilizando-se de razões *jurídicas*[69]. Em ambos os casos, ele tem de contar com sacrifícios pessoais, e a disposição para assumi-los depende de outros fatores que não a definição do conceito de direito.

Não obstante, existem diferenças sob o aspecto da efetividade. Uma primeira evidencia-se quando se toma por base não o juiz individualmente considerado, que avalia a injustiça legal em sua consciência, e sim a prática jurídica[70]. Existindo na prática jurídica um consenso de que o cumprimento de determinadas exigências mínimas da justiça é um pressuposto necessário para o caráter jurídico de disposições estatais, tem-se de uma argumentação jurídica ancorada na prática do direito, e não apenas de uma argumentação moral, para fazer oposição aos atos de um regime injusto. Contudo, não se deve criar ilusões quanto às perspectivas de êxito de tal oposição. Um regime injusto relativamente bem-sucedido tem condições de destruir rapidamente o consenso da prática jurídica, intimidando os indivíduos, mudando as pessoas e recompensando a disposição à adaptação. Mesmo assim, é concebível que um regime injusto fraco, especialmente em sua fase inicial, não tenha êxito nesse empreendimento. Esse é um efeito relativamente limitado, mas é um efeito. O importante é que não surja uma objeção concludente contra o conceito não positivista de direito, ainda que a suposição desse efeito relativa-

---

69. Cf. *idem*, 1988, p. 346.
70. *Ibid.*, p. 347.

mente limitado revele-se um erro. Para defender sua posição, o não positivista não precisa mostrar que seu conceito de direito, num Estado injusto, proporciona, contra a injustiça legal, uma garantia melhor que o conceito positivista. Basta que a injustiça legal seja combatida de modo não menos eficaz em sua base do que na de um conceito positivista de direito. Mas isso é algo que se pode ter como certo. Por que a injustiça legal haveria de ser combatida de modo menos eficaz quando não é considerada direito do que quando o é?

Uma vez estabelecido com êxito um Estado injusto, conceitos de direito já não podem ter grandes efeitos. Somente após o colapso desse Estado é que se mostram diferenças essenciais. Mesmo assim, existe um efeito atenuado e considerável do conceito não positivista de direito, que pode atuar contra a injustiça legal mesmo no Estado injusto estabelecido com êxito. Esse efeito pode ser qualificado de "efeito de risco". Para um juiz ou uma autoridade qualquer, no Estado injusto, sua própria situação apresenta-se de formas distintas, conforme ele tenha ou não ocasião para interpretá-la à luz de um conceito positivista ou não de direito. Suponhamos que um juiz se encontre diante da questão de dever ou não pronunciar uma condenação penal por crime de terrorismo, condenação essa que seja respaldada por uma injustiça legal. Ele não é nem santo nem herói. O destino do réu pouco lhe interessa; importa-lhe o seu próprio. De acordo com todas as experiências históricas, ele não pode excluir o colapso do Estado injusto e preocupa-se com o que lhe poderia acontecer. Se tiver de supor que um conceito não positivista de direito é majoritária ou geralmente aceito e que, segundo esse conceito, a norma na qual ele pode basear a condenação por terrorismo não é direito, ele correrá o risco relativamente grande de, mais tarde, não conseguir justificar-se e ser processado. O risco diminuirá se ele puder ter certeza de que mais tarde seu comportamento será julgado com base em um conceito positivista de direito. Embora o perigo não desapareça totalmente, porque pode ser promulgada uma lei retroativa em virtude da qual o juiz pode ser responsabilizado, ele não é tão grande. Devido ao problema das leis retroativas que existe no estado de direito, é bem possível que uma lei assim não seja promulgada e, ainda que isso aconteça, o juiz pode tentar defender-se alegando ter agido com base no direito vigente à época. Isso deixa claro que uma aceitação majoritária ou geral de um conceito não positivista de direito aumenta o risco das pessoas que cometem ou participam de atos de injustiça legalmente respaldados por um Estado injusto. Tal situação pode fazer com que, também para as pessoas que não veem razão para não participar de uma injustiça ou até mesmo que apreciam essa participação, surja ou seja reforçado um estímulo para não participar da injustiça ou, ao menos, para minorar essa participação. Dessa forma, a aceitação majoritária ou geral de um conceito não positivista de direito pode ter efeitos positivos já num Estado injusto. Por isso, pode-se dizer que, de modo geral, do ponto de vista do refreamento da injustiça legal, os efeitos práticos do conceito não positivista de direito não são, em todo caso, piores do que os do conceito positivista, sendo até mesmo melhores em alguns aspectos.

4.2.1.4. O argumento da segurança jurídica

Um quarto argumento contra o conceito não positivista de direito sustenta que este põe em risco a segurança jurídica. De fato, esse argumento diz respeito àquelas variantes do não positivismo que têm como ponto de partida uma tese forte da vinculação, ou seja, que afirmam que toda injustiça leva a uma perda da qualidade jurídica. Se, além disso, parte-se do julgamento que cada um faz da justiça para autorizar a todos que desobedeçam às leis, o argumento da segurança jurídica se reforça, transformando-se em argumento de anarquia. Mas não há necessidade de dar continuidade a essa ideia, pois nenhum não positivista que se preze defende tais pontos de vista. Aqui, trata-se apenas de saber se um conceito de direito, que não desconsidera o caráter jurídico em todos os casos de injustiça, mas somente naqueles de uma injustiça extrema, põe em risco a segurança jurídica. A resposta deve ser negativa.

Se existem julgamentos de justiça racionalmente fundamentáveis, estes são reconhecidos por quem compreende que uma conduta é injusta com base numa fundamentação racional. Assim, vigora a seguinte proposição: quanto mais extrema a injustiça, mais segura é a sua recognição. Essa proposição conecta o aspecto material ao aspecto epistemológico. Existe uma justificação para o fato de o Tribunal Constitucional Federal, na decisão sobre a cidadania do 11.º Decreto da Lei de Cidadania do *Reich*, declarar não apenas que a injustiça desse dispositivo atingiu um "grau insustentável", como também que isso é "evidente"[71]. É possível até mesmo sustentar que são concebíveis casos nos quais não se pode dizer com total certeza se existe uma injustiça extrema. Contudo, em comparação com as inseguranças às quais a recognição do direito está associada de forma bastante genérica, isso quase não tem importância. Por isso, a tese não positivista da vinculação leva, quando muito, a uma perda mínima da segurança jurídica.

---

71. BVerfGE 23, 98 (106).

Ao avaliar a questão da aceitabilidade desse dano mínimo à segurança jurídica, há que se considerar que esta última, embora seja um valor muito alto, não é o único. O valor da segurança jurídica deve ser sopesado com o da justiça material[72]. A fórmula de Radbruch diz respeito a uma ponderação que, em princípio, dá prevalência à segurança jurídica, invertendo a hierarquia somente em casos extremos. Contra isso só pode objetar aquele que considera a segurança jurídica um princípio absoluto[73], o que, como qualquer persecução de um princípio absoluto, contém certa dose de fanatismo.

4.2.1.5. *O argumento do relativismo*

O argumento do relativismo aguça aquele da segurança jurídica. Ele não só afirma que o limite entre a injustiça extrema e não extrema é difícil de reconhecer, como também que todo julgamento acerca da justiça, ou seja, incluídos aqueles sobre uma injustiça extrema, são insuscetíveis de uma fundamentação racional ou de uma recognição objetiva. Essa é a tese do relativismo radical. Se ela estiver correta, a inclusão de elementos morais no conceito de direito significará apenas a possibilidade, para o juiz, de decidir contra a lei nos casos em que suas preferências subjetivas estiverem envolvidas de modo especialmente intenso. Hoerster faz uma descrição drástica dessa ideia:

> "Não existe nenhuma garantia nem probabilidade de aquela moral que o juiz ou o cidadão em questão assimila em seu conceito de direito ser, de fato, uma moral 'esclarecida'! [...] De modo geral, [...] não há nenhum in-

---

72. Radbruch, 1973c, pp. 344 s.
73. Quanto ao conceito do princípio absoluto, cf. Alexy, 1985, pp. 94 ss.

dício de que as representações morais de determinado indivíduo ou de determinada sociedade sejam mais esclarecidas em algum sentido (por exemplo, 'mais humanas' ou 'mais justas') do que as normas jurídicas positivas do Estado em questão [...] É que, ao contrário do que sempre sugerem os adversários do positivismo jurídico, existe não apenas o juiz ou o cidadão que, confrontado com 'leis nazistas', preferiria obedecer a uma moral humana. Existe também o juiz ou o cidadão que, confrontado com leis 'democráticas' (por exemplo, aquelas da República de Weimar ou da República de Bonn) preferiria obedecer a uma moral nazista!"[74]

O argumento do relativismo explicita o que já ficou visível como pressuposto nos argumentos da efetividade e da segurança jurídica: o não positivismo pressupõe uma ética não relativista minimamente rudimentar. Não foi por acaso que Radbruch, antes de 1933, fundamentou sua concepção positivista com o relativismo, ou seja, com a tese de que fundamentação intersubjetivamente obrigatória de princípios morais não é possível:

"Agora ficou demonstrado para nós ser impossível responder à pergunta acerca da finalidade do direito de outro modo que não seja a enumeração das variadas opiniões sectárias a respeito – e, justamente, apenas por essa impossibilidade de um direito natural a validade do direito positivo pode ser fundamentada; o relativismo, que até agora era somente o método de nossa análise, entra, aqui mesmo, como elemento estrutural de nosso sistema."[75]

Após 1945, Radbruch privou o ceticismo relativista de um componente fundamental dos direitos humanos e civis:

---

74. Hoerster, 1986, p. 2.482.
75. Radbruch, 1973a, p. 175.

"É certo que, individualmente considerados, eles são cercados de algumas dúvidas, mas o trabalho dos séculos deu relevo a um componente sólido e, nas chamadas declarações dos direitos humanos e civis, reuniu-os com um consenso tão amplo que, em relação a alguns deles, somente o ceticismo deliberado pode cultivar a dúvida."[76]

A referência à experiência histórica – "o trabalho dos séculos" – e a um "amplo" consenso que existe de fato ainda não constitui uma refutação do relativismo, ainda que, para a prática jurídica nacional, supranacional e internacional, a referência a essas ocorrências se aproxime dessa refutação. Um cético pode objetar que a evolução das concepções morais nos últimos séculos ou milênios foi um descaminho e que é possível que todos ou quase todos estejam incorrendo num erro coletivo. Para esvaziar essa objeção, deve-se demonstrar que uma afirmação como:

(1) A aniquilação física e material de uma minoria da população por motivos racistas é uma injustiça extrema,

é suscetível de uma fundamentação racional, enquanto uma proposição como:

(2) A aniquilação física e material de uma minoria da população por motivos racistas não é uma injustiça extrema,

pode ser racionalmente refutada. O problema do positivismo jurídico leva, assim, ao problema metaético da fundamentabilidade de julgamentos morais. Esse problema não pode ser discutido aqui[77]. Por conseguinte, é preciso

---
76. Radbruch, 1973b, p. 328.
77. A esse respeito, cf. Alexy, 1991a, pp. 53 ss.; *idem*, 1991b.

insistir na afirmação de que, em todo caso, uma proposição como (1) é suscetível de uma fundamentação racional, enquanto uma proposição como (2), de uma refutação racional. Se essa afirmação estiver correta, a objeção do relativismo se enfraquecerá. Caso contrário, em relação à objeção do relativismo restará somente remeter – o que já é alguma coisa – à realidade de um consenso atualmente amplo, que, considerado em si mesmo, embora não seja uma refutação em sentido estrito, aproxima-se, como mencionado, de uma refutação no que diz respeito à prática jurídica.

Quanto à preocupação de Hoerster de que um juiz poderia recorrer a uma "moral nazista" diante de leis justas e democraticamente bem-sucedidas, isso significa que tal juiz – ao menos num Estado que se encontre dentro da tradição dos direitos humanos ou que para ela se tenha aberto – fracassaria perante a realidade de um amplo consenso sobre os direitos fundamentais. Além disso, caso sejam possíveis julgamentos racionalmente fundamentados sobre uma injustiça extrema, existem razões racionais para não se recorrer a uma "moral nazista" contra leis democraticamente bem-sucedidas. O sério risco de um juiz, recorrendo a um conceito não positivista de direito, negar a leis justas o caráter jurídico em virtude de uma infração contra uma "moral nazista" que seja insustentável para ele existe somente numa sociedade que se tenha tornado majoritariamente adepta de uma "moral nazista". Poder fazer mau uso do conceito não positivista de direito dessa forma e em tal sociedade é uma desvantagem que, no entanto, não se mostra tão relevante. Seja como for, quando há uma "moral nazista" predominante, as leis que a contradizem em medida extrema não se sustentam por muito tempo.

4.2.1.6. O argumento da democracia

O que foi dito aqui acerca do argumento do relativismo pode ser relacionado a outra objeção possível contra o conceito não positivista de direito, a objeção da democracia. Ela sustenta que o conceito não positivista de direito comporta o risco de que o juiz, ao recorrer à justiça, contraponha-se a decisões do legislador democraticamente legitimado[78]. Como isso constitui uma intervenção do judiciário no âmbito do legislativo, essa objeção também pode ser formulada como objeção da divisão dos poderes.

Tal objeção perde sua força quando se considera que o conceito não positivista de direito só admite a supressão do caráter jurídico em casos de injustiça extrema. Ela só surte efeito dentro de um âmbito nuclear. Do ponto de vista do conteúdo, o controle do Tribunal Constitucional sobre violações aos direitos fundamentais nos Estados constitucionais democráticos vai muito além disso. Assim, para apresentar um argumento da democracia ou de divisão dos poderes contra a tese fraca da vinculação aqui defendida, seria preciso rejeitar toda e qualquer ligação do legislador com os direitos fundamentais que seja passível de controle judicial.

4.2.1.7. O argumento da inutilidade

A fórmula de Radbruch tem relevância prática sobretudo após o colapso de um governo injusto. A decisão do Tribunal Constitucional Federal sobre a cidadania é um exemplo disso. Mas o argumento da inutilidade diz

---

78. Cf., por exemplo, Maus, 1989, p. 193: "O argumento moral pode facilmente ser mal utilizado como substituto da democracia."

que uma injustiça legal também pode ser considerada de outro modo que não por meio do não reconhecimento da qualidade jurídica. Assim, o novo legislador teria em mãos a possibilidade de revogar uma injustiça legal mediante uma lei retroativa[79].

Para avaliar corretamente o argumento da inutilidade, há que se distinguir entre casos do direito penal e casos que não são de direito penal. O art. 103, § 2 da Lei Fundamental formula o princípio elementar do estado de direito, "nulla poena sine lege", como norma do direito constitucional positivo. Com isso, proíbe-se ao legislador ordinário a instituição de leis penais retroativas. Isso pode ser generalizado. Se o princípio "nulla poena sine lege" tem categoria constitucional, não se pode evocar, no âmbito do direito penal, o fato de que a promulgação de uma lei ordinária retroativa tornaria desnecessária a aplicação de um conceito de direito não positivista. Contudo, poder-se-ia pensar numa modificação da constituição que admitisse exceções ao princípio "nulla poena sine lege" – e, por conseguinte, também ao princípio "nullum crimen sine lege" – em casos de injustiça extrema. No entanto, sob uma constituição como a Lei Fundamental que, em seu art. 79, § 3, retira os princípios elementares do estado de direito também da disposição do legislador que altera a constituição, tais exceções seriam, no mínimo, problemáticas. A esse problema jurídico vem se agregar outro, de caráter fáctico. Ainda que fosse juridicamente admissível prover o princípio "nulla poena sine lege" de uma cláusula de exceção, seria altamente duvidoso que tal cláusula obtivesse a aprovação da maioria qualificada e necessária para uma modificação da constituição. Tudo isso mostra que a mera referência

---

79. Cf. Hart, 1971, p. 44.

ao legislador não atesta a inutilidade da fórmula de Radbruch em todos os sistemas jurídicos e sob todas as circunstâncias.

Se o princípio "nulla poena sine lege" tem categoria constitucional e é imutável, ou se, mesmo não possuindo categoria constitucional formal, não pode ser restringido por ser um princípio jurídico fundamental, então, nas infrações penais, o problema real não é o da inutilidade de um conceito não positivista de direito, e sim o de saber se o emprego de tal conceito não leva a *eludir* o princípio "nulla poena sine lege". Todavia, esse problema não é idêntico ao da inutilidade. Ele deve ser tratado no âmbito do próximo argumento, o da honestidade. Assim, pois, o argumento da inutilidade deve ser limitado, em sua essência, aos casos externos ao âmbito do direito penal. Aqui existe, em princípio, a possibilidade de solucionar o problema da injustiça legal por meio de leis retroativas. A questão, porém, é saber o que o juiz deve fazer quando o legislador, independentemente das razões, permanece inativo e a injustiça legal não pode ser declarada irrelevante para a decisão a ser pronunciada em virtude do direito constitucional vigente a partir de então. Deve o juiz, nesse caso, pronunciar sentenças que se baseiem numa injustiça extrema e que representem uma injustiça extrema? Poder-se-ia pensar que o juiz deveria fazer isso para levar o legislador a promulgar leis retroativas. Mas, em muitos casos, especialmente naqueles cíveis, isso significaria atribuir ao cidadão atingido uma sentença que lhe seria desfavorável, baseada numa injustiça extrema e, por sua vez, extremamente injusta, para que o legislador reagisse. Nesse sentido, o cidadão se tornaria, permanente ou provisoriamente, um meio para suscitar a atividade legislativa. Isso não é compatível com seus direitos fundamentais e já demonstra que não basta a referência à mera possibilidade de uma lei retroativa para demonstrar a inutilidade do emprego de um conceito não positivista de direito. Se o legislador não faz uso dessa possibilidade e se a injustiça legal não pode ser declarada irrelevante para a decisão a ser pronunciada com base no direito constitucional vigente a partir de então, o emprego de um conceito não positivista de direito é necessário para assegurar os direitos fundamentais do cidadão.

A esse argumento, que toma por base os direitos do cidadão, vem se juntar um segundo, que se apoia na pretensão à correção. Como se afirmou acima, toda sentença judicial formula necessariamente, uma pretensão à correção. Uma sentença que se baseie na injustiça extrema e a represente não fará jus a essa pretensão numa medida extrema. Por isso, existem duas razões que, fora do âmbito do direito penal, enfraquecem o argumento da inutilidade e falam em favor da necessidade de um conceito não positivista de direito: o respeito pelos direitos do cidadão e a pretensão à correção.

4.2.1.8. O argumento da honestidade

O argumento da honestidade diz que o conceito não positivista de direito, nas infrações penais, leva a eludir o princípio "nulla poena sine lege". Hart ilustra esse argumento com a ajuda de um caso decidido pelo Tribunal de Justiça de Bamberg, em 1949[80]. Em 1944, uma mulher, querendo ver-se livre do marido, declarou às autoridades que ele teria feito comentários depreciativos a respeito de Hitler no período de licença da linha de fren-

---

80. OLG Bamberg [*Oberlandesgericht Bamberg*, Tribunal de Justiça Regional de Bamberg], *in*: *Süddeutsche Juristen-Zeitung*, 1950, coluna 207.

te. O homem foi preso e condenado à morte, em aplicação de dispositivos que cominavam pena a manifestações desse tipo; porém, em vez de ser executado, foi enviado para a linha de frente em cumprimento de *sursis*. Em 1949, a mulher foi denunciada por privação de liberdade. O Tribunal de Justiça de Bamberg, ao qual o caso finalmente chegou, declarou-a culpada e entendeu que a condenação à morte era legal, pois, como as leis penais nacional-socialistas nas quais ela se baseava exigiam apenas "uma omissão, qual seja, a de calar-se", a condenação não foi pronunciada apoiando-se numa "lei manifestamente contrária ao direito natural"[81]. A mulher foi condenada com base numa construção dogmático-penal contestável, segundo a qual uma privação de liberdade punível em autoria mediata também pode ser praticada quando aquele que atua diretamente, ou seja, nesse caso, o tribunal, age legalmente. A denúncia teria sido ilegal, porque "infringiu o sentimento de equidade e justiça de todas as pessoas de pensamento decente". Não se discutirá aqui a correção dogmático-penal dessa construção[82]. Tampouco interessa o fato de Hart, como ele mesmo observa posteriormente[83], expor o caso de modo incorreto ao querer dizer que o Tribunal de Justiça de Bamberg teria chegado a sua conclusão negando validade

---

81. *Ibid.*, colunas 208 s.
82. Haveria que se perguntar principalmente se essa tese de que a denúncia infringe "o sentimento de equidade e justiça de todas as pessoas de pensamento decente" a ponto de ser ilegal e, por conseguinte, punível não implicaria o fato de a sentença ser injusta por seu conteúdo. Poderia também a denúncia infringir "o sentimento de equidade e justiça de todas as pessoas de pensamento decente" a ponto de ser ilegal e, por conseguinte, punível, se a sentença não fosse injusta em sentido algum? Se a resposta for negativa, a questão decisiva será: a punibilidade da denúncia apenas pressupõe que a sentença era injusta em alguma medida ou exigia um caráter extremamente – e, por conseguinte, evidentemente – injusto da sentença?
83. Hart, 1961, pp. 234 s.

jurídica às leis nacional-socialistas nas quais se baseou a sentença de morte[84]. Se não se considerar extremamente injusta uma lei que admite a pena de morte para manifestações depreciativas contra um ditador – como fez o Tribunal de Justiça de Bamberg – simplesmente por ela impor uma omissão, bastará imaginar o caso hipotético no qual uma mulher denuncia seu marido porque ele, estando numa ditadura, não participa de ações homicidas extremamente injustas, que lhe são impostas em virtude de uma lei. Nesse caso, segundo o entendimento do Tribunal de Justiça de Bamberg, a mulher também deveria ter sido condenada, uma vez que a sentença pronunciada em relação a sua denúncia seria ilegal.

Contra isso, Hart objeta:

> "Naturalmente, existiam duas outras possibilidades. Uma era a de deixar a mulher impune; podemos simpatizar com essa opinião ou admitir que ela seria ruim. A outra era a de resignar-se com o fato de que a punição da mulher requereria a promulgação de uma lei flagrantemente retroativa, com consciência absoluta daquilo de que se está abdicando para, por essa via, conseguir sua condenação. Por mais repulsivas que possam ser uma legislação penal retroativa e uma condenação, nesse caso, executá-las abertamente ao menos teria a vantagem da honestidade, o que deixaria claro que, na condenação da mulher, haveria que se escolher entre dois males: o de deixá-la impune e o de abrir mão de um princípio moral valioso, que a maioria dos sistemas jurídicos sanciona."[85]

O argumento da honestidade é o mais forte contra o conceito não positivista de direito. Mesmo assim, ele não

---
84. *Idem*, 1971, p. 44.
85. *Ibid.*

o derruba. O não positivista dispõe, primeiramente, de um recurso para escapar ao dilema evidenciado por Hart. Ele pode negar a qualidade jurídica de uma lei injusta que implique a autorização à denúncia e, não obstante, chegar à impunibilidade. Para consegui-lo, precisará apenas, por razões especificamente penais, relacionar o princípio "nulla poena sine lege" a todas as normas estabelecidas e eficazes, e somente a elas, independentemente de seu conteúdo injusto. Assim, para proteger o cidadão, a fórmula de Radbruch é limitada, no âmbito do direito penal, pelo princípio "nulla poena sine lege". Por conseguinte, tal fórmula só tem eficácia fora do direito penal. Todavia, outra réplica é preferível. A fórmula de Radbruch leva apenas à punibilidade daqueles atos cujo conteúdo injusto é tão extremo e, consequentemente, tão evidente que é mais fácil ser reconhecido do que em muitas infrações penais comuns[86]. Isso é aceitável, pelo menos quando, como no caso da denunciante, não se trata de produzir normas que fundamentem a punibilidade com a ajuda de um conceito não positivista de direito, e sim de derrubar uma injustiça legal que acarreta uma exclusão da punibilidade. Quando a injustiça dessas normas é tão extrema e, portanto, tão evidente que qualquer um pode reconhecê-la claramente, não se pode falar em retroatividade oculta. Pois, nesse caso, depois de cometido o ato, sua injustiça era claramente reconhecível. E, como naquele momento ela era tão extrema e, portanto, tão evidente que todos a reconheciam com clareza, essas normas já não eram, no momento do ato, um direito que pudesse levar à exclusão da punibilidade. Por essa razão, não se pode modificar a situação jurídica retroativamente, mas apenas constatar como ela era no

---

86. Nesse sentido, tem razão Ott, 1988, p. 355.

momento do ato. Se o argumento da injustiça é limitado à tese fraca da vinculação, ou seja, se só pode ser aplicado em caso de injustiça extrema e, portanto, evidente, não se pode falar em retroatividade oculta nem, por conseguinte, em falta de honestidade.

4.2.1.9. Conclusão

Se lançarmos um olhar sobre os argumentos contrários e favoráveis ao argumento da injustiça relacionado a normas individuais, em sua versão fraca, da forma como ele se encontra expresso na fórmula de Radbruch, constataremos que as razões que falam em seu favor são mais fortes que as objeções. Todas as objeções poderiam, no mínimo, ser enfraquecidas a ponto de se chegar a uma paridade. Além disso, é possível alegar razões para que se prefira o argumento da injustiça. Assim, nos limites do argumento da efetividade, seria possível aludir a um efeito de risco que, também num Estado injusto, poderia desenvolver certa eficácia contra a injustiça legal. Especialmente importante é a necessidade do conceito não positivista de direito, exposta na discussão acerca do argumento da inutilidade, após o colapso de um Estado injusto. Se o novo legislador permanece inativo e se a injustiça legal não pode ser declarada irrelevante para a decisão a ser pronunciada com base no direito constitucional doravante vigente, essa decisão resulta do respeito pelos direitos do cidadão e da pretensão à correção, que está necessariamente conectada às sentenças judiciais. Quanto ao âmbito do direito penal, pôde-se demonstrar que o argumento da injustiça, em sua versão fraca, é conciliável com o princípio "nulla poena sine lege". No entanto, também ficou claro que a refutação de uma série de objeções depende do fato de que ao menos algumas exigências morais mínimas são suscetíveis de uma fundamentação racional. Trata-se, aqui, de um componente nuclear de direitos humanos elementares. Se essa fundamentação não desse certo, os adversários positivistas do argumento da injustiça seriam refutados de modo apenas relativo numa prática jurídica que se encontra na tradição dos direitos humanos. Com efeito, isso não seria uma refutação em sentido estrito, mas se aproximaria de uma do ponto de vista prático.

4.2.2. Sistemas jurídicos

É questionável se o argumento da injustiça pode ser relacionado não apenas a normas individuais, mas também a sistemas jurídicos como um todo. Constatou-se acima que sistemas normativos que não formulam explícita nem implicitamente uma pretensão à correção não podem ser classificados como sistemas jurídicos já a partir da perspectiva do observador[87]. Observou-se que isso tem poucas consequências práticas, uma vez que sistemas normativos realmente existentes costumam formular uma pretensão à correção, por menos justificada que seja. Os problemas práticos significativos só começam a surgir quando essa pretensão, apesar de formulada, não é cumprida. O argumento da injustiça entra em cena quando, com esse não cumprimento, transpõe-se o limiar da injustiça extrema. Trata-se então de saber se, nesse caso, as consequências afetam o sistema jurídico como um todo, ou seja, se vão além de uma mera soma das consequências de normas individuais extremamente injustas.

---

87. Cf. *supra*, pp. 41 s.

Um argumento assim relacionado ao sistema é encontrado em Martin Kriele. Seu ponto de partida é formado pela tese de que "(é) dever moral obedecer ao direito, contanto que o direito, 'em termos globais', considere a moral"[88]. De acordo com Kriele, essa condição é satisfeita quando o sistema jurídico repousa nos princípios do Estado constitucional democrático. Em ditaduras totalitárias, provavelmente ela não é satisfeita. O argumento como um todo visa ao dever jurídico como dever moral, bem como à questão a ele relacionada sobre a legitimidade de sistemas jurídicos e de normas jurídicas individuais.

Isso significa que o problema examinado por Kriele não é o mesmo que estamos tratando aqui. A falta de legitimidade não acarreta necessariamente uma falta de caráter jurídico, e é possível que uma norma que deva ser classificada como norma jurídica ordene algo que um dever moral contradiga. Assim, o próprio Kriele fala em "direito imoral"[89]. Para se chegar ao problema em tela, o argumento de Kriele deve ser reformulado em outro que vise ao caráter jurídico. A variante desse argumento a ser contemplada aqui diz que um sistema normativo perde seu caráter jurídico quando é extremamente injusto em termos globais. Essa fórmula pode ser interpretada de diversas maneiras. Examinaremos duas interpretações: a tese da irradiação e a do colapso.

4.2.2.1. A tese da irradiação

A tese da irradiação afirma que a falta de caráter jurídico das normas fundamentais de conteúdo de um sis-

---
88. Kriele, 1979, p. 117.
89. *Ibid.*, p. 125.

tema jurídico acarreta a falta de caráter jurídico de todas as normas típicas do sistema e, nesse sentido, irradia-se sobre elas. Nos limites de seu questionamento, a tese da irradiação é defendida por Kriele. Segundo ele:

> "mesmo nos Estados totalitários existe legitimidade legal direta, mais exatamente no caso de leis que não são típicas do sistema e que, excepcionalmente, estão em harmonia com a moralidade. Leis sobre a observância contratual, o matrimônio, a proibição do homicídio ou as regras de trânsito são reconhecidas, também nesses Estados, como legítimas, pois foram igualmente justificadas segundo critérios elucidativos. Assim, a legitimidade de tais leis existe não em virtude de, mas apesar de sua origem num sistema totalitário, com o qual ela se encontra numa relação apenas externa, mas não interna"[90].

Se seguimos um argumento com tal estrutura, uma norma individual num sistema jurídico extremamente injusto perde seu caráter jurídico não só quando é extremamente injusta como norma individual. Para perder seu caráter jurídico, basta que ela, como norma "típica do sistema", compartilhe o caráter injusto do sistema global, o que também é possível aquém do limiar da injustiça extrema. Assim sendo, a tese da irradiação conduz a um caso típico de argumento da totalidade. Um elemento individual terá determinada característica que não teria no caso de uma análise isolada, porque, com essa determinada característica, faz parte de um todo. Esse argumento da totalidade é, de fato, capaz de explicar facilmente como, em caso de injustiça extrema, podem advir, para o caráter jurídico de um sistema normativo como um todo, consequências que vão além da

---

90. *Ibid.*, pp. 125 s.

mera soma das consequências de normas individuais extremamente injustas. A questão é saber se a tese da irradiação e, por conseguinte, o argumento da totalidade são aceitáveis. O ponto decisivo para responder a essa pergunta é que não se trata de correção moral, de justiça ou da observância de critérios elucidativos, mas do caráter jurídico. A discussão sobre o argumento da injustiça, relacionado a normas individuais e exposto na fórmula de Radbruch, mostrou que a segurança jurídica é um argumento central contrário à contestação da qualidade jurídica de normas estabelecidas conforme o ordenamento e socialmente eficazes. Somente em casos de extrema injustiça, devido a seu fácil reconhecimento, é que o argumento da segurança jurídica podia ser refreado. O mesmo se aplica aos sistemas jurídicos como um todo. A segurança jurídica seria muito prejudicada se uma norma perdesse seu caráter jurídico já aquém do limiar da injustiça, quando, de alguma forma, ela participa do teor injusto do sistema global e, portanto, é típica do sistema. Uma norma pode participar em maior ou menor medida do teor injusto do sistema global. Ela pode ser mais ou menos típica do sistema. Deve toda e qualquer participação, ainda que mínima, suprimir seu caráter jurídico? Se assim for, como se deve reconhecer que uma norma participa do teor injusto do sistema global, ainda que em medida insignificante? Seria esse o caso quando, eventualmente, ela é interpretada e aplicada como se fosse típica do sistema, embora pudesse ser interpretada e aplicada de outro modo? Se não basta uma participação mínima, qual a medida a ser exigida? Como essa medida deve ser determinada de forma que satisfaça à segurança jurídica? Essas perguntas mostram claramente que toda contestação do caráter jurídico abaixo do limiar da injustiça extrema implica uma perda da segurança jurídica. Em caso de injustiça extrema, o refreamento do princípio da segurança jurídica ainda é aceitável. Qualquer outra restrição já não o é. Isso significa que, quando se trata do caráter jurídico, há que se ater ao critério da injustiça extrema e que esse critério deve basear-se em normas individuais, e somente nelas. A tese da irradiação pode ser plausível em outros contextos; porém, como tese sobre o caráter jurídico, não é convincente. Por isso, não pode fazer com que do caráter injusto de um sistema global resultem consequências que vão além da aplicação do argumento da injustiça a normas individuais.

4.2.2.2. A tese do colapso

Assim, trata-se de saber se na segunda interpretação chega-se a outra conclusão. Essa segunda interpretação é escolhida por quem entende, no sentido da tese do colapso, a proposição de que um sistema normativo perde seu caráter jurídico quando, em termos globais, é extremamente injusto. Diferentemente daquela da irradiação, essa tese sustenta que, por razões morais, uma norma individual só perde seu caráter jurídico quando é extremamente injusta. Sua base é constituída, portanto, pelo argumento da injustiça relacionado a normas individuais, tal como aparece na fórmula de Radbruch, não se lhe acrescentando nada no que concerne a normas individuais. A relação com o sistema global é estabelecida pela afirmação de que este, como sistema jurídico, entra em colapso quando muitas normas individuais, sobretudo quando estas são muito importantes para o sistema, devem ter seu caráter jurídico contestado. A razão para o colapso não seria uma irradiação qualquer, e sim o mero fato de já não restar o suficiente para um sistema jurídico.

A tese do colapso está correta ao sustentar que o caráter de um sistema jurídico pode modificar-se fundamentalmente quando muitas normas individuais, sobretudo quando são muito importantes para o sistema, têm seu caráter jurídico contestado. Nesse caso, pode-se falar até mesmo de uma modificação da identidade do conteúdo do sistema jurídico e, nesse sentido – mas apenas nele –, de um colapso do antigo sistema. Aqui, porém, é determinante que não se possa falar de colapso num sentido que tenha em vista não a identidade do conteúdo, mas a existência de um sistema como sistema jurídico. Mesmo que se deva contestar o caráter jurídico de muitas normas individuais por razões morais e que, entre estas, encontrem-se muitas normas importantes para o caráter do sistema, este pode continuar existindo como sistema jurídico. O pressuposto para tanto é que um efetivo mínimo de normas, necessário à existência de um sistema jurídico, conserve o caráter jurídico. Suponha-se um sistema jurídico cuja constituição autorize um ditador a instituir normas de forma ilimitada. As normas promulgadas pelo ditador com base nessa autorização seriam injustiça extrema em 30% dos casos; 20% delas, embora configurassem injustiça, não seriam injustiça extrema; 20% delas não seriam exigidas pela injustiça nem pela justiça, e 30% seriam exigidas pela justiça. Quanto aos 30% que seriam injustiça extrema, tratar-se-ia de normas que dão ao sistema injusto seu caráter específico. No caso dos 30% de normas exigidas pela justiça, tratar-se-ia, por exemplo, de normas do direito contratual, do direito criminal e do direito social. De acordo com a fórmula de Radbruch, deve-se contestar apenas o caráter jurídico das normas que se encontram entre os 30% de injustiça extrema. A fórmula não se aplica aos outros 70%. Assim, a existência do sistema jurídico só estaria ameaçada se os 30% de injustiça extrema tivessem tal efeito sobre a norma de autorização que esta, em toda a sua extensão, como norma extremamente injusta, perdesse seu caráter jurídico. Pois, nesse caso, os outros 70% das normas integrantes do sistema também perderiam seu fundamento de validade. Desse modo, o sistema jurídico perderia sua existência como sistema construído de forma escalonada e, nesse sentido, entraria em colapso. Restaria apenas a possibilidade de classificar uma subclasse das normas como um sistema baseado no direito natural ou consuetudinário. Todavia, esse seria um outro sistema, não obstante a identidade parcial das normas.

O que se acaba de afirmar mostra que é preciso recorrer a construções relativamente artificiais quando se pretende contestar o caráter jurídico de uma norma de autorização em toda a sua extensão, caso seja possível – e por ser possível – promulgar a injustiça extrema baseando-se nessa norma. Normas jurídicas estabelecidas conforme o ordenamento e com base em normas socialmente eficazes de autorização deveriam ser classificadas como direito natural e/ou consuetudinário, para que sua validade pudesse ser declarada. Para reconhecer que isso também não é conveniente do ponto de vista objetivo, basta mudar o exemplo há pouco citado, supondo-se que não seja um ditador, mas um parlamento democraticamente eleito a fazer uso da autorização para instituir normas da maneira ilustrada. Nesse caso, deixa de existir a objeção concebível de que seria extremamente injusto autorizar uma única pessoa a instituir normas de forma ilimitada. Sob esse pressuposto, a norma de autorização não seria, como tal, extremamente injusta. É apenas uma subclasse de seus resultados. Mas isso significa que os 30% de injustiça extrema não acarretam a perda do caráter jurídico da norma de autorização como tal[91]. Por isso, o sistema jurídico como um todo não entra em colapso.

Desse modo, é forçoso constatar que a aplicação do argumento da injustiça a um sistema jurídico como um todo não traz consequências que vão além daquelas de sua aplicação a normas individuais[92].

4.3. O argumento dos princípios

O argumento da injustiça visa a uma situação excepcional, a da lei extremamente injusta, e trata do cotidiano jurídico. Seu ponto de partida é constituído por um conhecimento da metodologia jurídica, sobre o qual há unanimidade entre positivistas e não positivistas. Como afirma Hart, todo direito positivo tem uma estrutura aberta (*open texture*)[93]. Existem várias razões para tanto. Especialmente importantes são o caráter vago da linguagem do direito, a possibilidade de contradições entre as normas, a falta de uma norma na qual a decisão

---

91. É digno de nota que o Tribunal Constitucional Federal, na decisão sobre a concordata, não mencione o problema aqui discutido, e sim se restrinja à questão inversa, ou seja, a de querer saber se todas as normas baseadas na lei de plenos poderes, de 24 de março de 1933, devem ser necessariamente consideradas direito vigente, o que é negado: "O reconhecimento da nova ordem de competências não significa que os decretos e as leis promulgados com base nela podem ser reconhecidos como direito válido. Isso depende de seu *conteúdo*. Tais leis e decretos não podem ser reconhecidos como direito válido se infringem a essência e o conteúdo possível do direito." (BVerfGE 6, 309 (331 s.))

92. Em contrapartida, relevante é o caráter do sistema global sob outro aspecto, qual seja, o do reconhecimento de Estados e governos por parte do direito internacional. Trata-se aqui da colisão entre o princípio da efetividade e o princípio da legitimidade, sendo que, tanto na teoria quanto na prática do reconhecimento, predomina o primeiro (cf., por exemplo, Ipsen, 1990, p. 237).

93. Hart, 1961, p. 124.

possa ser apoiada e a possibilidade de decidir até mesmo contra o enunciado de uma norma em casos especiais[94]. Nesse sentido, pode-se falar num "âmbito de abertura" do direito positivo, que pode ser mais ou menos amplo, mas que existe em todos os sistemas jurídicos. Um caso que se enquadre no âmbito de abertura deve ser caracterizado como "caso duvidoso".

A partir do ponto de vista da teoria positivista, essa conclusão só pode ser interpretada de uma maneira. Por definição, no campo da abertura do direito positivo não se pode decidir com base no direito positivo, pois, se isso fosse possível, não se estaria no campo de abertura. Como somente o direito positivo é direito, o juiz deve decidir no campo de abertura, ou seja, em todos os casos duvidosos, com a ajuda de critérios não jurídicos ou extrajurídicos. Nesse sentido, ele está autorizado pelo direito positivo a criar um direito novo, fundamentalmente da mesma forma que um legislador, com base em critérios extrajurídicos[95]. Há mais de cem anos, John Austin formulou essa ideia com as seguintes palavras: "So far as the judge's arbitrium extends, there is no law at all."[96]

Em contraposição a isso, o argumento dos princípios diz que o juiz também está legalmente vinculado no âmbito da abertura do direito positivo, ou seja, do direito estabelecido e eficaz, e isso de uma maneira que cria uma vinculação necessária entre direito e moral[97]. Isso condiz com a afirmação do Tribunal Constitucional

---

94. Cf. Alexy, 1991a, pp. 17 s.
95. Cf., por exemplo, Kelsen, 1960, pp. 350 s.
96. J. Austin, 1885, p. 664.
97. Nesse sentido, também Bydlinski, 1982, pp. 289 ss., que chama seu argumento de "argumento metodológico", e Dworkin, com sua interpretação do direito como prática interpretativa: "Law is an interpretative concept" (Dworkin, 1986, pp. 87, 410; a esse respeito, cf. Bittner, 1988, pp. 20 ss.; Strolz, 199, pp. 98 ss.).

Federal na decisão sobre a formação do direito mencionada no início:

> "O direito não é idêntico à totalidade das leis escritas. Quanto aos estatutos positivos do poder estatal, pode existir, sob certas circunstâncias, uma excedência de direito."[98]

A base do argumento dos princípios é constituída pela distinção entre regras e princípios[99]. Regras são normas que, em caso de realização do ato, prescrevem uma consequência jurídica definitiva, ou seja, em caso de satisfação de determinados pressupostos, ordenam, proíbem ou permitem algo de forma definitiva, ou ainda autorizam a fazer algo de forma definitiva. Por isso, podem ser designadas de forma simplificada como *"mandamentos definitivos"*. Sua forma característica de aplicação é a subsunção. Por outro lado, os princípios são *mandamentos de otimização*. Como tais, são normas que ordenam que algo seja realizado em máxima medida relativamente às possibilidades reais e jurídicas. Isso significa que elas podem ser realizadas em diversos graus e que a medida exigida de sua realização depende não somente das possibilidades reais, mas também das possibilidades jurídicas. As possibilidades jurídicas da realização de um princípio são determinadas não só por regras, como também, essencialmente, por princípios opostos. Isso implica que os princípios sejam suscetíveis e carentes de ponderação. A ponderação é a forma característica da aplicação dos princípios.

O caminho que conduz dessa distinção teórico-normativa a uma conexão necessária entre direito e moral

---

98. BVerfGE 34, 269 (287).
99. A esse respeito, cf. Dworkin, 1984, pp. 54 ss.; Alexy, 1985, pp. 71 ss.; Sieckmann, 1990, pp. 52 ss.

passa por três teses, que devem ser designadas como "tese da incorporação", "tese da moral" e "tese da correção". A conexão necessária que se pode fundamentar com a ajuda dessas três teses é, primeiramente, de natureza conceitual, tendo, em segundo lugar, um caráter meramente qualificador, e não – como no caso do argumento da injustiça – classificador, existindo, em terceiro lugar, apenas para um participante, não para um observador do sistema jurídico.

4.3.1. A tese da incorporação

A *tese da incorporação* afirma que todo sistema jurídico minimamente desenvolvido contém necessariamente princípios. É fácil constatar uma incorporação quando se trata de um sistema jurídico completamente desenvolvido. O sistema jurídico da República Federal da Alemanha oferece um exemplo instrutivo. A Lei Fundamental, com os princípios da dignidade humana (art. 1, § 1 da Lei Fundamental), da liberdade (art. 2, § 1 da Lei Fundamental), da igualdade (art. 3, § 1 da Lei Fundamental), do estado de direito, da democracia e do estado social (arts. 20, 28, § 1.º, alínea 1 da Lei Fundamental), incorporou ao sistema jurídico da República Federal da Alemanha os princípios fundamentais do direito natural e racional modernos e, por conseguinte, da moderna moral do direito e do Estado como princípios do direito positivo. O mesmo se aplica, a despeito das variantes técnicas de incorporação e das distintas ponderações, a todos os sistemas jurídicos do tipo democrático de estado de direito.

Nenhum positivista contestará isso se admitir que, além de regras, o sistema jurídico também pode conter princípios. Mas ele contestará que disso resulte qualquer conexão conceitualmente necessária entre direito e moral. Para tanto, ele dispõe de vários argumentos. O primeiro diz que seria exclusivamente uma questão de direito positivo que a um sistema jurídico estejam, de fato, incorporados quaisquer princípios[100]. Se isso estivesse correto, o argumento dos princípios fracassaria já no primeiro nível. Na melhor das hipóteses, ele ainda poderia afirmar uma conexão entre moral e direito fundamentada pelo direito positivo, o que seria compatível com o positivismo jurídico, pois o positivismo não contesta que o direito positivo, como exprime Hoerster, "pode salvaguardar a consideração da moral"[101]. Ele insiste apenas no fato de que o direito positivo decide se algo semelhante deve acontecer.

Assim, resta saber se não apenas alguns sistemas jurídicos, por causa do direito positivo, mas todos eles contêm necessariamente normas com a estrutura de princípios. Essa questão deve ser respondida a partir da perspectiva de um participante, mais precisamente de um juiz, que tenha um caso duvidoso a decidir, isto é, um caso que se encontre no âmbito de abertura do sistema jurídico, ou seja, que não possa ser solucionado unicamente com base no material dotado de autoridade e predeterminado. Um critério para averiguar se o juiz apoia-se em princípios é saber se ele procede a uma ponderação. Aplica-se o seguinte teorema: quando uma pessoa procede a uma ponderação, ela se apoia necessariamente em princípios. Isso porque uma ponderação é necessária justamente quando existem razões opostas que, tomadas individualmente, constituem boas razões para uma deci-

---

100. Hoerster, 1987, p. 186; *idem*, 1986, p. 2.481.
101. Hoerster, 1987, p. 186.

são e só não levam de imediato a uma decisão definitiva porque existe outra razão que exige outra decisão. Tais razões ou são princípios, ou se apoiam em princípios[102].

Um positivista pode admitir esse fato, mas ainda assim contestar que dele resulte que todos os sistemas jurídicos em que juízes procedam a ponderações em casos duvidosos contenham princípios. Ele pode asseverar que o mero fato de ponderar ainda não significa que os princípios entre os quais se pondera integram o sistema jurídico. Os princípios seriam meros princípios morais ou que deveriam ser qualificados de outra forma, e a necessidade da ponderação não seria um postulado jurídico, e sim extrajurídico. A isso se pode objetar que, para um participante, o sistema jurídico é não apenas um sistema normativo, no sentido de resultados, mas também um sistema de procedimentos e que, partindo-se do ponto de vista do participante, as razões que ele considera no procedimento de decisão e de fundamentação fazem parte do procedimento e, por conseguinte, do sistema.

Um adversário do argumento dos princípios tampouco deve contentar-se com isso. Ele pode redarguir que, do mero fato de o juiz considerar determinadas razões – mais exatamente, princípios – no procedimento de decisão e de fundamentação, não se pode concluir que estes integrem o sistema jurídico. Contudo, essa objeção pode ser afastada com a ajuda do argumento da

---

102. Günther entende que a distinção entre regras e princípios não deveria ser interpretada como uma distinção entre dois tipos de normas, mas exclusivamente como uma diferenciação entre dois tipos de aplicação de normas (Günther, 1988, pp. 272 ss.). A isso há que se objetar que um modelo que reproduz a distinção tanto no plano da norma quanto naquele da aplicação é mais rico. Ele pode explicar por que um determinado tipo de aplicação acontece. De resto, não se pode abrir mão da distinção entre regras e princípios, porque somente com ela é possível reconstruir adequadamente conceitos como o da restrição de um direito (cf. Alexy, 1985, pp. 249 ss.).

correção. Como se expôs acima, uma sentença judicial formula necessariamente uma pretensão à correção[103]. Em virtude da vinculação necessária com a sentença judicial, essa pretensão é jurídica, e não meramente moral. A essa pretensão jurídica à correção corresponde o dever jurídico de cumpri-la, não importando em que consistem as consequências jurídicas da infração desse dever. A pretensão à correção exige que, num caso duvidoso, sempre que possível, se proceda a uma ponderação e, por conseguinte, a uma consideração de princípios. Assim, a pretensão à correção não necessariamente é satisfeita quando um juiz, num caso duvidoso, entre duas decisões compatíveis com o material dotado de autoridade, escolhe uma com a seguinte fundamentação: "Se eu tivesse ponderado, teria chegado à outra decisão, mas não ponderei." Com isso, fica claro que em todos os sistemas jurídicos nos quais existem casos duvidosos, nos quais é possível fazer uma ponderação, exige-se juridicamente que se faça uma ponderação e, por conseguinte, uma consideração de princípios. Isso significa que, por razões jurídicas, em todos os sistemas jurídicos desse tipo os princípios são elementos necessários do sistema jurídico.

Ao adversário do argumento dos princípios resta uma última saída. Ele pode sustentar que é possível existir sistemas jurídicos nos quais nenhum caso é entendido como duvidoso, de modo que uma ponderação não é pertinente em caso algum. Como em tais sistemas jurídicos seria possível decidir sem considerar os princípios, não se confirma a tese de que todos os sistemas jurídicos contêm necessariamente normas com a estrutura de princípios. Do ponto de vista empírico, seria interessan-

---

103. Cf. *supra*, pp. 46 s.

te saber se existiram sistemas jurídicos em que nenhum caso tenha sido entendido como duvidoso, de modo que a ponderação não era absolutamente cogitada. Contudo, essa questão não será tratada aqui. Seja como for, um sistema como esse seria um sistema jurídico que nem sequer chega a ser desenvolvido. Assim, vale a proposição: a partir de um estágio mínimo de desenvolvimento, todos os sistemas jurídicos contêm necessariamente princípios. Isso basta como base para a fundamentação de uma conexão necessária entre direito e moral pelo argumento dos princípios. Portanto, a tese de que todos os sistemas jurídicos contêm necessariamente princípios pode ser munida da restrição, contida naquela proposição, a sistemas jurídicos minimamente desenvolvidos, sem que por isso fracasse o argumento dos princípios.

4.3.2. *A tese da moral*

Do fato de que todos os sistemas jurídicos contêm necessariamente normas com a estrutura de princípios a partir de um grau mínimo de desenvolvimento ainda não se conclui que existe uma conexão necessária entre direito e moral. Assim, por exemplo, o mero fato de que a todos os sistemas jurídicos do tipo democrático de estado de direito estão incorporados os princípios fundamentais da moderna moral do direito e do Estado ainda não fundamenta uma conexão necessária entre direito e moral. Todo positivista pode sustentar que a incorporação justamente desses princípios baseia-se no direito positivo. Isso pode ser formulado com mais precisão na afirmação de que sempre seria uma questão de direito positivo se os princípios integrantes de um sistema jurídico criam uma relação entre direito e moral.

Para refutar essa afirmação, há que se distinguir entre duas versões da tese da conexão necessária entre direito e moral: uma fraca e outra forte. Na versão fraca, essa tese afirma que existe uma conexão necessária entre o direito e uma moral *qualquer*. A versão forte diz que existe uma conexão necessária entre o direito e a moral *correta*. Aqui, num primeiro momento, interessará somente a versão fraca. Trata-se, portanto, da tese de que a presença necessária de princípios no sistema jurídico leva a uma conexão necessária entre o direito e uma moral qualquer. Essa tese será designada como *"tese da moral"*.

A tese da moral aplica-se quando, entre os princípios a serem considerados em casos duvidosos para satisfazer a pretensão à correção, encontram-se sempre aqueles que integram uma moral qualquer. Esse é o caso. Nos casos duvidosos, trata-se de encontrar uma resposta para uma questão prática, que não pode ser forçosamente deduzida do material dotado de autoridade e predeterminado. No âmbito do direito, solucionar uma questão prática significa dizer o que é devido. Quem pretende dizer o que é devido sem apoiar sua resposta exclusivamente em decisões de uma autoridade deverá considerar todos os princípios apropriados se quiser satisfazer a pretensão à correção. Porém, entre os princípios apropriados à solução de uma questão prática, estão sempre aqueles que integram uma moral qualquer. Esses princípios não precisam ser tão abstratos como aqueles da liberdade ou do estado de direito. Muitas vezes, são relativamente concretos, como os da proteção da confiança ou os da proteção do meio ambiente natural. Também podem distinguir-se muito, quanto ao conteúdo, dos princípios de um Estado constitucional democrático, como é o caso do princípio da segregação racial. O que importa aqui é apenas que esses princípios sejam sempre, ao mesmo tempo, princípios de uma moral qualquer, seja ela correta ou errada.

Um positivista poderia objetar que isso é conciliável com sua teoria. O positivismo acentua, justamente, que o juiz, nos casos duvidosos, deve decidir com base em critérios extrajurídicos, o que inclui a decisão baseada em princípios morais[104]. Mas, com isso, ele não atinge o ponto crucial. Este consiste no fato de os princípios, primeiramente, de acordo com a tese da incorporação, serem componentes necessários do sistema jurídico e, em segundo lugar, de acordo com a tese da moral, de incluírem necessariamente aqueles que integram uma moral. Essa dupla propriedade de pertencer ao mesmo tempo à moral e ao direito significa que a decisão do juiz em casos duvidosos deve ser interpretada de forma diferente do que acontece nas teorias positivistas. Como os princípios morais, por seu conteúdo, estão incorporados ao direito, o juiz que neles se apoia decide com base em critérios jurídicos. Querendo-se recorrer à dicotomia ambígua entre forma e conteúdo, pode-se dizer que, quanto ao conteúdo, ele decide com base em razões morais, mas, quanto à forma, decide com base em razões jurídicas.

4.3.3. *A tese da correção*

Até agora, mostrou-se unicamente que o argumento dos princípios leva a uma conexão necessária entre o direito e uma moral qualquer. A objeção leva a crer que isso seria muito pouco. Quando se fala de uma conexão necessária entre direito e moral, geralmente

---

104. Cf. Hart, 1961, p. 199: "The law of every modern state shows at a thousand points the influence of both the accepted social morality and wider moral ideals."

tem-se em mente uma conexão necessária entre o direito e a ou uma moral correta. Isso se aplicaria especialmente à perspectiva do participante. Na realidade, essa objeção atingiria o não positivista se o argumento dos princípios não conseguisse estabelecer uma conexão necessária qualquer entre o direito e a moral correta. O fato de ele conseguir fazê-lo constitui o conteúdo da *tese da correção*. Esta última é o resultado de uma aplicação do argumento da correção nos limites do argumento dos princípios.

A tese da correção não apresenta dificuldades quando os princípios do direito positivo têm um conteúdo que, moralmente, é exigido ou, ao menos, admitido. Como exemplos podem servir os seis princípios básicos da Lei Fundamental, ou seja, os princípios da dignidade humana, da liberdade, da igualdade, do estado de direito, da democracia e do Estado social. Como mandamentos de otimização, esses princípios exigem sua mais ampla realização possível. Juntos, exigem a realização aproximativa de um ideal jurídico, qual seja, o ideal do estado de direito democrático e social[105]. Sendo esses princípios, ou seus inúmeros subprincípios, pertinentes num caso duvidoso, o juiz estará juridicamente obrigado a proceder a uma otimização relacionada ao caso concreto. Trata-se, aqui, de dar uma resposta a uma questão jurídica, que, por seu conteúdo, também é uma questão de moral política. Ao menos uma parte dos argumentos com os quais o juiz fundamenta a conclusão de sua ponderação tem, quanto a seu conteúdo, o caráter de argumentos morais. Disso resulta que a pretensão à correção jurídica necessariamente vinculada à decisão inclui uma pretensão à correção moral. Nesse sentido, nos sistemas

---

105. R. Dreier, 1986, pp. 30 s.

jurídicos cujos princípios jurídico-positivos possuem um conteúdo moralmente exigido ou ao menos admissível, existe uma conexão necessária entre o direito e a moral correta.

Um opositor do argumento dos princípios pode objetar que somente em sistemas jurídicos moralmente justificados isso levaria a uma conexão necessária entre o direito e a moral correta, mas não a uma conexão meramente necessária que valha para todos os sistemas jurídicos. Nessa conexão, ele pode remeter a um sistema jurídico como o do nacional-socialismo, que, com o princípio das raças e do líder [*Rassen- und Führerprinzip*], continha princípios[106] baseados numa moral totalmente diferente daquela na qual se baseiam os princípios da Lei Fundamental. Ele pode perguntar-se como, nesse caso, a aplicação do argumento da correção pode levar a uma vinculação necessária entre o direito e a moral correta nos limites do argumento dos princípios.

Aqui, o argumento dos princípios está em contato com o argumento da injustiça, porém não trataremos desse assunto agora. O que importa é que o juiz que aplica o princípio das raças e do líder também formula, com sua decisão, uma pretensão à correção. A pretensão à correção implica uma *pretensão à fundamentabilidade*. Esta última não se restringe ao fato de a sentença ser fundamentável e, portanto, correta no sentido de uma moral qualquer, mas estende-se ao fato de a sentença ser correta no sentido de uma moral fundamentável e,

---

106. Cf., por exemplo, Stuckart/Globke, 1936, p. 7. "Os dirigentes responsáveis do Estado devem examinar como o povo a eles confiado é composto sob o aspecto racial e orientar suas medidas de modo que, pelo menos, se evite uma perda maior dos melhores valores raciais e se fortaleça ao máximo o núcleo do povo", e p. 13: "Assim, da ideia das raças resulta forçosamente a ideia do líder. Logo, o Estado nacionalista deve ser necessariamente um Estado do líder."

portanto, correta. A conexão necessária entre o direito e a moral correta é estabelecida pelo fato de a pretensão à correção incluir uma pretensão à correção moral que se estende aos princípios que são tomados como base.

Um crítico poderia retorquir que, dessa forma, a vinculação entre o direito e a moral correta se sublimaria tanto que já não seria possível falar de uma conexão necessária. Em primeiro lugar, tratar-se-ia ainda apenas de uma pretensão, e não mais de seu cumprimento e, em segundo, falar-se-ia apenas de uma moral correta, sem dizer em que ela consiste. Ambas as observações são corretas, mas nem por isso derrubam a tese da vinculação.

É fácil reconhecer que, fora do âmbito do argumento da injustiça, ou seja, antes do limiar da injustiça extrema, apenas a pretensão, e não simplesmente seu cumprimento, institui uma conexão necessária entre o direito e a moral correta. Quem se orienta pelo cumprimento diz demais e afirma que o direito – ou seja, incluída toda e qualquer decisão judicial – cumpre necessariamente a pretensão à correção moral, em suma, que o direito é sempre moralmente correto. Isso implica que tudo o que não é moralmente correto não é direito. A discussão sobre o argumento da injustiça mostrou que uma tese forte como essa não pode ser defendida. Por isso, não se pode tratar aqui de uma conexão classificadora, mas somente de uma conexão qualificadora. Antes do limiar da injustiça extrema, uma violação da moral não faz com que a norma ou a decisão em questão percam o caráter jurídico, isto é, não sejam direito (conexão classificadora), mas apenas com que representem uma norma ou decisão juridicamente defeituosas (conexão qualificadora). A pretensão à correção necessariamente vinculada ao direito, por incluir uma pretensão à correção moral, é a razão para que, antes do limiar da injustiça extrema, uma violação da moral correta acarrete necessariamente a imperfeição jurídica, embora não leve à perda da qualidade jurídica. Pode-se qualificar a conexão classificadora de "rígida", e a conexão qualificadora, de "flexível". Conexões flexíveis também podem ser necessárias.

Resta a objeção de que o mero recurso a uma moral correta seria muito pouco. Essa objeção não pode ser afastada com a alegação de um sistema abrangente de regras morais que, em todo caso, permitem julgar com segurança se são infringidas por uma norma jurídica ou uma sentença judicial. Enquanto existe ampla unanimidade acerca do que infringe a moral além do limiar da injustiça extrema, aquém dele reina grande discórdia. Todavia, isso não significa que, nesse âmbito, não existe um critério para o que é justo e o que é injusto. A chave para esses critérios é a pretensão à fundamentabilidade, implicada pela pretensão à correção. Ela leva a exigências que uma moral deve cumprir minimamente para não ser identificada como falsa, bem como a exigências que uma moral deve cumprir ao máximo para ter a perspectiva de ser uma ou a moral correta[107]. Um exemplo de fundamentação de um princípio que não cumpre essas exigências é a do princípio das raças no comentário de Stuckart e Globke:

> "Com base no mais rigoroso conhecimento científico, sabemos hoje que o ser humano, nas emoções mais profundas e inconscientes de sua alma, mas também até a menor fibra cerebral, encontra-se na realidade e na inevitabilidade de pertencer a um povo e a uma raça. A raça marca sua face intelectual, tanto quanto sua forma externa. Ela determina seus pensamentos e sentimentos, suas

---

107. Cf. Alexy, 1991a, pp. 233 ss.

forças e seus impulsos, e constitui sua peculiaridade e sua essência."[108]

Essa fundamentação não satisfaz as exigências mínimas de uma fundamentação racional. Tomemos apenas a afirmação nela contida de que a raça determina os pensamentos do indivíduo. Essa afirmação não condiz de forma alguma com o "mais rigoroso conhecimento científico", sendo empiricamente falsa, como ensina a própria experiência cotidiana. A conexão qualificadora ou flexível, que se torna clara quando se considera o sistema jurídico também como um sistema de procedimentos a partir da perspectiva do participante, não leva a uma conexão necessária entre o direito e determinada moral conteudística que deve ser caracterizada como correta, e sim a uma conexão necessária entre o direito e a ideia de uma moral correta, no sentido de uma moral fundamentada. Essa ideia não é absolutamente vazia. Sua associação com o direito significa que dele fazem parte não apenas as regras especiais da fundamentação jurídica, como também as regras gerais da argumentação moral, pois o que é possível em termos de correção no âmbito da moral, o é em virtude dessas regras. Nelas fracassam componentes consideráveis de irracionalidade e injustiça. Além disso, a ideia de moral correta tem o caráter de uma ideia reguladora, no sentido de um objetivo a ser ambicionado[109]. Nessa medida, a pretensão à correção leva a uma dimensão ideal, necessariamente vinculada ao direito.

---

108. Stuckart/Globke, 1936, p. 10.
109. Cf. Kant, 1781/1787: A 644/B 672: "Mas, em compensação, elas têm um uso regulador excelente e essencialmente necessário, qual seja, o de direcionar o entendimento para certo objetivo, na perspectiva do qual as linhas diretivas de todas as suas regras convergem para um ponto."

CAPÍTULO 3
A validade do direito

I. *Conceitos de validade*

Aos três elementos do conceito de direito – a eficácia social, a correção material e a legalidade conforme o ordenamento – correspondem três conceitos de validade: o sociológico, o ético e o jurídico.

1. O CONCEITO SOCIOLÓGICO DE VALIDADE

O objeto do conceito sociológico de validade é a validade social. Uma norma é *socialmente* válida quando é observada ou quando sua não observância é punida. Essa definição admite numerosas interpretações. Uma primeira razão para isso é que os conceitos de observância e punição nela empregados são ambíguos. Isso se aplica especialmente ao conceito de observância de uma norma. Assim, podemos perguntar se, para a observância de uma norma, basta um comportamento que lhe corresponda externamente, ou se a observância de uma norma pressupõe determinados conhecimentos e motivos do agente. Se considerarmos a última alternativa, estaremos diante do problema de quais conhecimentos e motivos devem existir para que se possa falar da observância de uma norma. A segunda razão é que uma norma pode ser observada em medidas diferentes, e sua não observância pode ser punida em diversas medidas. A consequência disso é que a eficácia social e, por conseguinte, a validade social de uma norma é uma questão de grau. Assim, uma norma que é observada em 80% de todas as situações de aplicação e cuja não observância é punida em 95% dos casos tem um grau de eficácia muito alto. Em contrapartida, é muito insignificante o grau de eficácia de uma norma que só é observada em 5% de suas situações de aplicação e cuja não observância é punida em apenas 3% dos casos. Contudo, entre extremos desse tipo, a questão não é tão clara. Suponhamos uma norma que é observada em 85% das vezes, mas cuja não observância é punida somente em 1% dos casos, e uma norma que só é observada em 20% dos casos, mas cuja não observância é punida em 98% deles. A questão de qual das duas normas tem maior grau de eficácia social não pode ser decidida apenas com base numa comparação de números. A resposta a essa questão pressupõe uma determinação do peso atribuído, por um lado, à observância e, por outro, à punição da não observância, nos limites do conceito de validade social.

Uma discussão profunda dos problemas do conceito da validade social dá-se no âmbito da sociologia jurídica[1]. Os questionamentos empíricos da investigação da efetividade[2] impõem uma precisão. Aqui, bastam três conhecimentos. O primeiro é o de que a validade social é uma questão de grau. O segundo é o de que a validade social pode ser reconhecida com o auxílio de dois critérios: o da observância e o da punição da não observância. O terceiro diz que a punição da não observância de

---

1. Cf., por exemplo, Rottleuthner, 1981, pp. 91 ss.; Röhl, 1987, pp. 243 ss.
2. Cf. Rottleuthner, 1987, pp. 54 ss.

normas jurídicas inclui o exercício de coação física, que, nos sistemas jurídicos desenvolvidos, é a coação organizada pelo Estado[3].

2. O CONCEITO ÉTICO DE VALIDADE

O objeto do conceito ético de validade é a validade moral. Uma norma é *moralmente* válida quando é moralmente justificada. Um conceito de validade moral subjaz às teorias do direito natural e do direito racional. A validade de uma norma do direito natural ou do direito racional não se baseia em sua eficácia social nem em sua legalidade conforme o ordenamento, mas unicamente em sua correção material, que deve ser demonstrada por meio de uma justificação moral.

3. O CONCEITO JURÍDICO DE VALIDADE

Os conceitos sociológico e ético de validade são conceitos de validade puros, no sentido de não precisarem conter necessariamente elementos dos outros conceitos de validade. No caso do conceito jurídico de validade, a situação é diferente. Seu objeto é a validade jurídica. Quando um sistema normativo ou uma norma não tem nenhum tipo de validade social, ou seja, não desenvolve a menor eficácia social, esse sistema normativo ou essa norma não pode ter validade jurídica. Assim, pois, o conceito de validade jurídica inclui, necessariamente, elementos da validade social. Quando ele encerra apenas elementos da validade social, trata-se de um conceito

---

3. A esse respeito, cf. *supra*, pp. 18 s.

positivista; se também engloba elementos da validade moral, trata-se de um conceito não positivista de validade jurídica.

O fato de um conceito de validade jurídica plenamente desenvolvido, como conceito positivista, incluir elementos da validade social e, como conceito não positivista, elementos da validade social e da validade moral não exclui a possibilidade de formar um *conceito da validade jurídica em sentido estrito*, que se refira exclusivamente a propriedades específicas da validade jurídica e, dessa forma, constitua um conceito de contraste em relação aos conceitos de validade social e validade moral. Fala-se de um conceito desse tipo quando se diz que uma norma é *juridicamente* válida se foi promulgada por um órgão competente para tanto, segundo a forma prevista, e se não infringe um direito superior; resumindo: se foi estabelecida conforme o ordenamento.

O conceito jurídico de validade cria dois problemas: um interno e outro externo. O problema interno resulta do fato de a definição de validade jurídica já pressupor a validade jurídica, parecendo ser, nessa medida, circular. De que outra forma se deve dizer o que é um "órgão competente" ou o que é a promulgação de uma norma "segundo a forma prevista"? Esse problema leva àquele da norma fundamental. O problema externo consiste na determinação da relação entre o conceito jurídico de validade e os outros dois conceitos de validade. A relação com o conceito ético de validade já foi tratada na discussão sobre o positivismo jurídico. Continua em aberto a relação com o conceito sociológico de validade. Num primeiro momento, será discutido o problema externo, retomando-se mais uma vez, por razões sistemáticas, a relação com o conceito ético de validade.

II. Colisões de validade

Os casos extremos permitem distinguir o que é praticamente imperceptível em situações normais. No âmbito dos conceitos de validade, os casos extremos compõem-se de colisões de validade. Primeiramente será abordada a colisão entre validade jurídica e validade social.

1. VALIDADE JURÍDICA E SOCIAL

Já ficou demonstrado que o que vale para sistemas normativos não vale necessariamente para normas individuais. Por isso, numa primeira etapa, serão examinados apenas os sistemas normativos.

1.1. Sistemas normativos

A condição da validade jurídica de um sistema normativo é que as normas que o integram sejam socialmente eficazes, isto é, socialmente válidas *em termos globais*[4].

---
4. Kelsen, 1960, p. 219.

Aqui serão examinados apenas sistemas jurídicos desenvolvidos. A validade jurídica das normas de um sistema jurídico desenvolvido baseia-se numa constituição, escrita ou não, que determina quais são os pressupostos para que uma norma integre o sistema jurídico e, portanto, seja juridicamente válida. O fato de normas individuais – que, segundo os critérios de validade da constituição, são juridicamente válidas – perderem sua validade social ainda não significa que a constituição e, por conseguinte, o sistema normativo que nela se baseia perdem sua validade jurídica como um todo. Esse limiar só é ultrapassado quando as normas integrantes do sistema normativo deixam de ser socialmente eficazes em termos globais, ou seja, quando já não são observadas ou quando sua não observância deixa de ser punida em termos globais.

O problema da validade de um sistema normativo como um todo aparece com maior nitidez quando dois sistemas normativos incompatíveis concorrem entre si. Essa situação pode surgir, por exemplo, no caso de uma revolução, de uma guerra civil ou de uma secessão. É fácil dizer o que será válido após a vitória de uma ou de outra parte. Passa a valer o sistema normativo que se impôs em relação ao outro, pois o fato de ele se ter imposto significa que, a partir de então, é o único sistema normativo globalmente eficaz. O que não é tão fácil de dizer é o que é válido durante o período de concorrência dos sistemas normativos, ou seja, enquanto durar a luta política. Existem três possibilidades. A primeira é que nenhum dos dois seja válido como sistema normativo, já que nenhum deles é socialmente eficaz em termos globais. A segunda possibilidade é que já passe a valer o sistema normativo que, ao final, sairá vencedor, embora ninguém saiba qual será. A terceira possibilidade é que o antigo sistema normativo, apesar de já não ser socialmente eficaz em termos globais, continue valendo enquanto o novo não se tiver imposto, ou seja, não se tiver tornado socialmente eficaz em termos globais. Investigar essas possibilidades, incluídas suas numerosas formas intermediárias, é tarefa de uma teoria da mudança do sistema jurídico.

Hoerster cita como característica do conceito de direito o fato de um sistema normativo só ser um sistema jurídico, ou seja, só ser juridicamente válido quando, "em caso de conflito aberto, impõe-se a outros ordenamentos coativos normativos na sociedade"[5]. Esse critério pode ser chamado de "critério da dominância". Ele nada acrescenta ao critério da eficácia social global, pois está contido nele. Um sistema normativo que não se impõe a outros ordenamentos coativos normativos não é socialmente eficaz em termos globais.

1.2. Normas individuais

Uma norma estabelecida conforme o ordenamento de um sistema jurídico socialmente eficaz em termos globais não perde sua validade jurídica apenas por não ser observada com frequência ou por sua não observância ser raramente punida. Por isso, diferentemente do que acontece no caso de sistemas jurídicos, as normas individuais não necessitam de uma eficácia social global para terem validade jurídica. É fácil perceber a razão dessa diferença. Pode-se dizer de uma norma individual que ela é válida porque integra um sistema jurídico socialmente eficaz em termos globais. Isso não é lógico no

---

5. Hoerster, 1987, p. 184.

caso de um sistema jurídico, pois o sistema jurídico que ele poderia integrar só poderia ser ele mesmo.

Não obstante, no caso de normas individuais, também existe uma relação entre validade jurídica e validade social, de modo que uma colisão entre ambas pode ter consequências para a primeira. Com efeito, não é condição da validade jurídica de uma norma individual o fato de ela ser socialmente eficaz em termos globais, e sim o fato de ela apresentar *um mínimo de eficácia social ou de possibilidade de eficácia*. A isso corresponde o fenômeno da derrogação pelo direito consuetudinário (*desuetudo*), que consiste na perda da validade jurídica de uma norma em razão da redução de sua eficácia abaixo daquele mínimo. Assim como no caso da eficácia social global de sistemas jurídicos, não é possível fixar esse mínimo – abstraindo-se o caso da ineficácia total – de modo universalmente exato. Por conseguinte, podem existir casos em que seja extremamente duvidoso se uma norma perdeu ou não sua validade jurídica devido a uma derrogação pelo direito consuetudinário.

2. VALIDADE JURÍDICA E MORAL

Quanto à colisão entre validade jurídica e validade moral, já se falou o necessário por ocasião da crítica do conceito positivista de direito[6]. Aqui, portanto, trata-se exclusivamente de fazer uma comparação da conclusão já obtida com a solução da colisão entre validade jurídica e validade social.

---

6. Cf. *supra*, pp. 24 ss.

2.1. Sistemas normativos

Sistemas normativos que não formulam explícita nem implicitamente uma pretensão à correção não são sistemas jurídicos e, por conseguinte, não podem ter validade jurídica. Esse dado tem poucas consequências práticas, já que sistemas jurídicos realmente existentes costumam formular uma pretensão à correção, por menos justificada que ela seja.

Os problemas relevantes na prática surgem quando a pretensão à correção, embora formulada, deixa de ser cumprida em tal medida que o sistema normativo tem de ser classificado como sistema injusto. Nesse caso, apresenta-se a questão da aplicação do argumento da injustiça a sistemas normativos como um todo. À primeira vista, parece plausível utilizar uma fórmula que corresponda àquela que foi utilizada na solução da colisão entre validade jurídica e validade social, ou seja, sustentar que um sistema normativo perde sua validade jurídica quando é extremamente injusto em termos globais. Contudo, a discussão sobre as teses da irradiação e do colapso mostrou que essa solução não vem ao caso[7]. O campo de aplicação do argumento da injustiça limita-se a normas individuais. O sistema só deixa de existir como sistema jurídico a partir do momento em que, em virtude do argumento da injustiça, deva-se contestar o caráter jurídico de uma quantidade tal de normas que a reserva mínima de normas necessária à existência de um sistema jurídico deixa de existir. Todavia, isso não é uma consequência da aplicação do argumento da injustiça ao sistema jurídico como um todo, mas uma consequência das consequências de sua aplicação a normas indivi-

---

7. Cf. *supra*, pp. 76 ss.

duais. Assim, pois, no que concerne aos sistemas jurídicos, há que se constatar uma assimetria entre a relação de validade jurídica e validade social, de um lado, e de validade jurídica e validade moral, de outro. Essa assimetria consiste no fato de a validade jurídica de um sistema jurídico como um todo depender mais fortemente da validade social do que da validade moral. Um sistema jurídico que não seja socialmente eficaz em termos globais entra em colapso como sistema jurídico. Em contrapartida, um sistema jurídico pode conservar sua existência como tal, embora não possa ser moralmente justificado em termos globais. Ele só entra em colapso quando, devido à extrema injustiça, for preciso contestar o caráter jurídico e, por conseguinte, a validade jurídica de tal quantidade de normas individuais que a reserva mínima de normas necessária à existência de um sistema jurídico deixa de existir.

Cria-se um conceito adequado de direito quando três elementos são relacionados: o da legalidade conforme o ordenamento, o da eficácia social e o da correção material[8]. A partir disso, fica claro que à legalidade conforme o ordenamento devem-se acrescentar a eficácia social e a correção material não numa relação geral qualquer, e sim numa relação ordenada e escalonada.

2.2. Normas individuais

As normas individuais perdem seu caráter jurídico e, com isso, sua validade jurídica quando são extremamente injustas. Esse critério corresponde, em sua estrutura, à fórmula de que uma norma individual perde sua valida-

---

8. Cf. *supra*, pp. 15 s.

de jurídica quando não apresenta um mínimo de eficácia social ou de possibilidade de eficácia[9]. Em ambos os casos, faz-se referência a um caso-limite. Em vez de afirmar que uma norma individual deve apresentar um mínimo de eficácia social ou de possibilidade de eficácia, também seria possível dizer que ela não pode ser extremamente ineficaz e ter uma possibilidade extremamente insignificante de eficácia. Inversamente, seria possível substituir a fórmula segundo a qual uma norma perde sua validade jurídica quando é extremamente injusta por aquela segundo a qual o pressuposto da validade jurídica de uma norma individual é que ela apresente um mínimo de justificabilidade moral[10]. Contudo, esta última fórmula induz a falsas interpretações. Uma norma, como tal, também carece de um mínimo de justificabilidade moral quando não é extremamente injusta, mas apenas injusta, pois uma norma injusta não pode, como tal e também por essa razão, ser justificada numa escala mínima. Apesar disso, uma norma meramente injusta pode ser juridicamente válida. Porém, segundo a fórmula que se baseia num mínimo, isso pressupõe que ela apresente um mínimo de justificabilidade moral. Para resolver essa contradição, há que se referir o conceito do mínimo de justificabilidade moral não a normas individuais como tais, mas à validade jurídica de normas individuais. Devido às vantagens morais da existência de um sistema jurídico, a validade jurídica de uma das normas que o integram pode apresentar um mínimo de justificabilidade moral quando a norma, tomada em si, não o apresenta por ser injusta. Logo, a fórmula que se baseia num mínimo pressupõe ponderações complicadas quando referi-

---

9. Cf. *supra*, pp. 107 s.
10. R. Dreier, 1981a, p. 198.

da à justificabilidade moral. Por essa razão, merece prioridade o simples critério da injustiça extrema.

À guisa de conclusão, cabe assinalar que o papel da validade social e o da validade moral, no âmbito do conceito da validade jurídica, apresentam estruturas análogas quando se trata de normas individuais. Em ambos os casos, faz-se referência apenas a um caso-limite. Isso é a expressão do fato de que a legalidade conforme o ordenamento, nos limites de um sistema jurídico socialmente eficaz, constitui o critério dominante da validade de normas individuais, fato esse que é diariamente confirmado pela prática jurídica.

III. A norma fundamental

Um conceito de validade jurídica que exclui os elementos da eficácia social e da correção material foi classificado acima como conceito da validade jurídica em sentido estrito. Ao mesmo tempo, notou-se que esse conceito, além dos problemas externos, que consistem na determinação de sua relação com a validade social e com a validade moral, apresenta problemas internos[11]. Os problemas internos resultam da circularidade da definição de validade jurídica. Esta diz que uma norma é juridicamente válida quando tiver sido promulgada por um órgão competente para tanto, segundo a forma prevista, e não infringir um direito superior; resumindo: quando for estabelecida conforme o ordenamento. Mas os conceitos de órgão competente, de promulgação de uma norma na forma prevista e de direito superior já pressupõem o conceito de validade jurídica. Só se pode fazer referência a um órgão competente em virtude de normas juridicamente válidas, a uma forma juridicamente regulada de promulgar normas e a um direito superior juridicamente vigente. Caso contrário, não se trataria do conceito de validade jurídica em sentido estrito.

---

11. Cf. *supra*, p. 104.

O instrumento mais importante para desfazer a circularidade contida no conceito de validade jurídica em sentido estrito é a norma fundamental. Sem levar em conta as diversas possibilidades de diferenciação, é possível distinguir três tipos de normas fundamentais: a analítica, a normativa e a empírica. A variante mais importante da norma fundamental analítica é encontrada em Kelsen; da normativa, em Kant; e da empírica, em Hart.

1. A NORMA FUNDAMENTAL ANALÍTICA (KELSEN)

1.1 O conceito de norma fundamental

Uma norma fundamental é uma norma que fundamenta a validade de todas as normas de um sistema jurídico, salvo a sua própria. Para chegar à norma fundamental, basta perguntar algumas vezes "por quê?". Kelsen compara a ordem de um gângster para que lhe seja entregue determinada quantia em dinheiro com a requisição de um funcionário do fisco para que a mesma quantia seja providenciada[12]. Por que a requisição do funcionário do fisco é uma norma individual juridicamente válida[13], na forma de um ato administrativo, e a ordem do gângster, não? A resposta é que o funcionário do fisco pode reportar-se a uma autorização legal, enquanto o gângster, não. Mas, então, por que vigoram as leis nas quais o funcionário do fisco se apoia? A resposta é que a constituição autoriza o legislador a promulgar leis desse tipo. Mas por que a constituição é válida? Poder-se-ia

---

12. Kelsen, 1960, p. 8.
13. Sobre o conceito de norma individual, cf. Alexy, 1985, p. 73.

pensar, então, que a constituição é válida por ser efetivamente estabelecida e socialmente eficaz, e vincular essa resposta à afirmação de que o ponto extremo foi atingido e de que nada mais há a ser dito. Se isso fosse verdade, as normas da constituição que autorizam o estabelecimento de normas seriam a norma fundamental, complexa em si.

O problema dessa resposta é que ela inclui a transição de um ser para um dever. O ser consiste na legalidade efetiva e na eficácia social da constituição, que podem ser constatadas com o enunciado:

(2) A constituição C é efetivamente estabelecida e socialmente eficaz[14].

O dever é a validade jurídica da constituição, que pode ser asseverada com o enunciado:

(3') A constituição C é juridicamente válida.

Esse enunciado é um enunciado de dever, pois implica a proposição seguinte[15]:

(3) Ordena-se juridicamente um comportamento em conformidade com a constituição C.

Entretanto, de um ser – mais exatamente: de uma classe qualquer de enunciados exclusivamente empíricos – nunca resulta *logicamente*[16] nem sequer um único enun-

---

14. A razão da numeração que se afasta da sequência externa será esclarecida logo a seguir, quando se resumir o silogismo da norma fundamental.
15. Cf. Kelsen, 1960, p. 196.
16. Ressalte-se que aqui se trata da dedutibilidade lógica. Frequentemente a expressão "resultar" é empregada – ainda que de modo incorreto – para dizer que algo constitui uma boa razão para outra coisa. Naturalmente,

ciado normativo[17]. Por isso, para partir de (2) e chegar a (3) ou a (3'), é necessário uma premissa suplementar. Essa premissa suplementar é a *norma fundamental*, que pode ser formulada tanto de modo que permita uma transição de (2) para (3') – nesse caso, (3) deve ser deduzido de (3') – quanto de modo que leve diretamente a (3). Aqui será analisada a segunda variante, que diz:

> (1) Quando uma constituição é efetivamente estabelecida e socialmente eficaz, ordena-se juridicamente um comportamento em conformidade com essa constituição.

A partir disso, é possível resumir os enunciados (1), (2) e (3) num *silogismo da norma fundamental* da seguinte forma:

> (1) Quando uma constituição é efetivamente estabelecida e socialmente eficaz, ordena-se juridicamente um comportamento em conformidade com essa constituição.
> (2) A constituição C é efetivamente estabelecida e socialmente eficaz.

---

enunciados empíricos podem ser boas razões para enunciados normativos. Mas, nesse caso, sempre se pressupõe uma premissa normativa que os transforme em boas razões.

17. A tese de que somente de um ser não resulta um dever pode ser atribuída a Hume. Por isso, ela também é chamada "lei de Hume". Cf. Hume, 1888, p. 469: "I have always remark'd, that the author proceeds for some time in the ordinary way of reasoning, and establishes the being of a God, or makes observations concerning human affairs; when of a sudden I'm surpriz'd to find, that instead of the usual copulations of propositions , *is*, and *is not*, I meet with no proposition that is not connected with an *ought*, or an *ought not*. This change is imperceptible; but is, however, of the last consequence. For as this *ought*, or *ought not*, expresses some new relation or affirmation, 'tis necessary that it shoul'd be observ'd and explain'd; and at the same time that a reason should be given, for what seems altogether inconceivable, how this new relation can be a deduction from others, which are entirely different from it." Para uma exposição das questões lógicas ligadas ao problema do dever-ser, cf. Stuhlmann-Laeisz, 1983.

(3) Ordena-se juridicamente um comportamento em conformidade com a constituição C^{18}.

Raras foram as ideias da teoria do direito que provocaram tanta polêmica quanto a ideia de uma norma fundamental. A polêmica concentra-se em quatro pontos: a necessidade, a possibilidade, o conteúdo e o *status* da norma fundamental.

1.2. A necessidade de uma norma fundamental

Contra a necessidade de uma norma fundamental, Hart objetou que ela conduziria a uma duplicação desnecessária:

> "If a constitution specifying the various sources of law is a living reality in the sense that the courts and officials of the system actually identify the law in accordance with the criteria it provides, then the constitution is accepted and actually exists. It seems a needless reduplication to suggest that there is a further rule to the effect that the constitution (or those who 'laid it down') are to be obeyed."[19]

---

18. Cf. Kelsen, 1960, p. 219. O silogismo da norma fundamental de Kelsen distingue-se daquele aqui apresentado em quatro pontos. Três são irrelevantes, um é relevante. Irrelevante é que Kelsen formule a norma fundamental de modo categórico: "Devemos nos comportar conforme a constituição efetivamente estabelecida e socialmente eficaz." É possível reformular esse enunciado, sem modificar seu conteúdo, na forma hipotética acima indicada (1), ou seja, num enunciado do tipo "se-então". Ademais, é irrelevante que o enunciado conclusivo (3) refira-se, em Kelsen, não apenas à constituição, mas a todo o ordenamento jurídico. Dessa forma, Kelsen apenas executa uma etapa que, aqui, não é realizada, mas que também poderia ser efetuada sem problemas. Por fim, também é irrelevante que em (1) e (3) Kelsen não utilize a formulação "ordena-se", e sim "deve-se". Em contrapartida, é relevante que ele só fale que "se deve ", enquanto aqui se fala que algo é *"juridicamente* ordenado". O tema voltará a ser abordado.

19. Hart, 1961, p. 246.

Essa objeção obtém sua força do fato de relacionar a norma fundamental não a coisas como manifestações de vontade, regularidades comportamentais e medidas coativas, que, com sua ajuda, podem ser interpretadas como constituição juridicamente válida, e sim diretamente à realidade institucional de uma constituição praticada. Desse modo, o enunciado seguinte pode ser formulado como premissa única de uma fundamentação do dever jurídico:

(2') Os participantes do sistema jurídico S aceitam e praticam a constituição C.

A questão é saber se disso resulta a conclusão do silogismo da norma fundamental:

(3) Ordena-se juridicamente um comportamento em conformidade com a constituição C.

A resposta será afirmativa se interpretarmos (3) da seguinte forma:

(3") Do ponto de vista de um participante do sistema jurídico S, ordena-se juridicamente um comportamento em conformidade com a constituição C.

O enunciado (3") resulta do (2'), uma vez que o fato de os participantes de um sistema jurídico aceitarem e praticarem uma constituição significa que, de seu ponto de vista, ordena-se juridicamente um comportamento em conformidade com essa constituição. Ficaria, assim, demonstrado que a a norma fundamental é supérflua? Teria Alf Ross razão ao afirmar:

"But the norm itself, according to its immediate content, expresses what the individuals ought to do. What, then, is the meaning of saying that the individuals ought to do what they ought to do!"[20]?

A resposta é não. O ponto crucial é que, embora seja possível passar de (2') para (3") sem a necessidade de uma norma fundamental, o próprio (2') pressupõe uma norma fundamental. O fato de os participantes de um sistema jurídico aceitarem e praticarem uma constituição pressupõe que cada um deles interpreta determinados fatos como fatos que criam a constituição, podendo-se tratar de um feixe de fatos muito complexos. Aqui, a pluralidade seria reduzida a duas coisas: primeiro, uma assembleia constituinte votou a constituição e, em segundo lugar, os outros participantes do sistema aceitam e praticam a constituição. Agora, suponhamos um participante do sistema jurídico S que aceita e pratica a constituição C. Pergunta-se a esse participante por que a constituição C é juridicamente válida, pergunta essa que inclui outra: por que se ordena juridicamente um comportamento em conformidade com a constituição C?

O participante poderia tentar esquivar-se dessa questão, afirmando que ela não faz sentido. Para tanto, poderia aduzir, como Hart, que não se pode dizer que são juridicamente válidas as regras da constituição que, por sua vez, dizem o que é direito vigente (Hart chama o conjunto delas de "rule of recognition"). Segundo Hart, elas são pressupostas como existentes, e sua existência é um fato ("a matter of fact")[21]. Todavia, a isso se pode objetar que a questão acerca da validade jurídica de uma constituição é comum e possível. Soará insólito e arti-

---

20. Ross, 1968, p. 156.
21. Hart, 1961, p. 107.

ficial se à pergunta sobre por que ele obedece à constituição, um juiz responder: "Obedeço à constituição não por ela ser juridicamente válida, mas exclusivamente porque meus colegas e eu a aceitamos e praticamos. Isso é um fato, e nada mais há a dizer." Por isso, cabe supor que o participante não rejeita a pergunta sobre a validade jurídica da constituição por ela ser destituída de sentido. Então, sua resposta poderia ser a seguinte:

> (2″) A constituição C foi votada pela assembleia constituinte, e os outros participantes do sistema jurídico aceitam-na e praticam-na.

Esse enunciado é apenas uma concretização da segunda premissa no silogismo da norma fundamental de Kelsen:

> (2) A constituição C é efetivamente estabelecida e socialmente eficaz.

Porém desse enunciado por si só não resulta nem o enunciado:

> (3′) A constituição C é juridicamente válida,

nem o enunciado:

> (3) Ordena-se juridicamente um comportamento em conformidade com a C.

Para chegar de (2) ou de (2″) a (3′) ou a (3), há que se pressupor uma norma fundamental como (1). Assim como, partindo apenas de (2) ou de (2″), não se pode chegar a (3′) ou (3), tampouco se pode, partindo apenas do enunciado:

(4) Pedro quer que eu lhe dê 100 marcos,

inferir o enunciado:

(5) Sou obrigado a dar 100 marcos a Pedro.

No primeiro caso, a norma fundamental citada é necessária para possibilitar a transição; no segundo, seria necessária uma norma como:

(6) Sou obrigado a fazer o que Pedro quer.

Ainda que um legislador exprima não apenas uma vontade, mas também formule expressamente uma norma, não ocorre uma duplicação desnecessária. Suponhamos que Pedro, com base em sua própria autoridade, ou seja, sem se reportar ao direito, à moral ou às convenções sociais, diga-me que tenho a obrigação de lhe dar 100 marcos. Partindo-se unicamente de:

(4') Pedro me disse: "Você é obrigado a me dar 100 marcos",

não resulta:

(5) Sou obrigado a dar 100 marcos a Pedro.

Se assim fosse, as palavras por si só seriam capazes de fundamentar quaisquer obrigações de quaisquer pessoas. Para partir de (4') e chegar a (5), é necessária uma norma como:

(6') Sou obrigado a fazer aquilo que Pedro diz que sou obrigado a fazer.

Isso é uma duplicação, mas não é desnecessária.
Como conclusão, há que se reter duas teses. A primeira sustenta que o participante de um sistema jurídico deve pressupor uma norma fundamental se quiser dizer que uma constituição é juridicamente válida ou que um comportamento é juridicamente ordenado em conformidade com ela. A segunda diz que, para não interromper arbitrariamente a questão acerca da validade jurídica, é preciso que seja possível afirmar, como participante, que a constituição é juridicamente válida ou que o comportamento em conformidade com ela é juridicamente ordenado, o que pressupõe uma norma fundamental.

1.3. A possibilidade de uma norma fundamental

Um adversário da norma fundamental pode não apenas fazer a afirmação há pouco refutada de que uma norma fundamental é supérflua, como também objetar que a validade ou a existência de uma norma fundamental é impossível. Assim, Dworkin sustentou, contra a norma fundamental de Hart (*rule of recognition*), que o direito não pode ser identificado com base numa regra que se orienta pela legalidade conforme o ordenamento e pela eficácia social[22]. Essa objeção corresponde ao argumento dos princípios acima exposto[23]. Segundo ele, também integra o direito a totalidade dos critérios que devem ser considerados para satisfazer a pretensão à correção, necessariamente vinculada ao direito. Com efeito, esses critérios não podem ser total-

---

22. Dworkin, 1984, pp. 81 ss., 111 ss.
23. Cf. *supra*, pp. 83 ss.

mente identificados com base numa regra que se oriente pela legalidade conforme o ordenamento e pela eficácia social.

Mesmo assim, o argumento dos princípios não elimina a possibilidade de uma norma fundamental. Ele mostra apenas que uma norma fundamental que só tome por base fatos empiricamente constatáveis (legalidade/eficácia) não é capaz de identificar totalmente o direito. O que essa norma fundamental pode identificar é, isso sim, o direito estabelecido conforme o ordenamento e socialmente eficaz. Por isso, ela deve ser interpretada de maneira que a legalidade conforme o ordenamento, juntamente com a eficácia social, constituam apenas uma condição suficiente, mas não necessária do pertencimento ao direito. Assim, com base no argumento dos princípios, não é válido o enunciado:

(1) Ao direito pertence *tudo e apenas aquilo* que é estabelecido conforme o ordenamento e socialmente eficaz,

e sim um outro, atenuado:

(2) Ao direito pertence *tudo* o que é estabelecido conforme o ordenamento e socialmente eficaz.

Como se mostrará na próxima seção, mesmo esse enunciado precisará ser ainda mais atenuado para fazer jus ao argumento da injustiça[24]. Todavia, nos limites do enunciado (2), uma norma fundamental não apenas é possível, como também necessária para poder realizar a passagem de fatos empiricamente constatáveis para a validade jurídica.

---

24. A esse respeito, cf. *supra*, pp. 48 ss.

A desvantagem da norma fundamental limitada ao direito estabelecido conforme o ordenamento e socialmente eficaz consiste no fato de ela já não ser para o direito um critério supremo e completo de identificação. Com efeito, esse papel não lhe pode ser restituído em sentido pleno, mas apenas em sentido limitado. Para essa finalidade, nela devem ser inseridas cláusulas que considerem o argumento da injustiça e o dos princípios. Aqui, interessa-nos apenas o argumento dos princípios. Se incorporarmos o resultado desse argumento na norma fundamental, surgirá uma norma fundamental não positivista com a seguinte estrutura:

> Se uma constituição é efetivamente estabelecida e socialmente eficaz, ordena-se juridicamente um comportamento em conformidade com essa constituição, tal como condiz com a pretensão à correção.

Essa formulação mostra que uma norma fundamental não positivista serve apenas para identificar o direito de modo limitado. A cláusula "tal como condiz com a pretensão à correção" remete a medidas morais sem nomeá-las nem indicar um critério com o qual possam ser claramente identificadas. Essa abertura é inevitável e só pode ser aceita porque existem regras do método jurídico que excluem a possibilidade de a abertura levar à arbitrariedade[25]. Essas regras impedem sobretudo que as normas estabelecidas e eficazes possam ser arbitrariamente refreadas com a referência à pretensão à correção[26]. Elas precisam fazê-lo pelo próprio fato de a segurança jurídica ser um elemento essencial da correção jurídica.

---

25. Cf. *Alexy*, 1991a, pp. 273 ss.
26. *Ibid.*, p. 305.

1.4. O conteúdo da norma fundamental

Segundo Kelsen, a norma fundamental é completamente neutra do ponto de vista do conteúdo:

> "Não vem ao caso aqui saber qual o conteúdo dessa constituição e do ordenamento jurídico estatal erigido em sua base, nem se esse ordenamento é justo ou injusto; tampouco importa que esse ordenamento jurídico garanta efetivamente uma relativa situação de paz dentro da comunidade por ele constituída. No pressuposto da norma fundamental, não se afirma um valor transcendente ao direito positivo."[27] "Por isso, todo e qualquer conteúdo pode ser direito."[28]

Isso contraria o argumento da injustiça, segundo o qual normas extremamente injustas não podem ter o caráter de normas jurídicas[29]. Todavia, isso tampouco derruba a ideia de uma norma fundamental. Pode-se inserir na formulação da norma fundamental uma cláusula que considere o argumento da injustiça. Uma formulação que condiz tanto com o argumento dos princípios quanto com aquele da injustiça diz:

> Se uma constituição é efetivamente estabelecida e socialmente eficaz, ordena-se juridicamente o comportamento em conformidade com essa constituição, tal como condiz com a pretensão à correção, se e na medida em que as normas dessa constituição não forem extremamente injustas.

---

27. Kelsen, 1960, p. 204.
28. *Ibid.*, p. 201.
29. Cf. *supra*, pp. 48 ss.

Essa formulação refere-se apenas à constituição. As normas estabelecidas conforme a constituição serão abordadas quando se discutir a definição de direito.

1.5 *Status* e funções da norma fundamental

1.5.1. *Funções*

A definição do *status* da norma fundamental é dificultada pelo fato de ela ter três funções completamente diversas a cumprir.

1.5.1.1. *Transformação de categorias*

A primeira função consiste em possibilitar a transição de um ser para um dever. Ser e dever são categorias de um tipo muito diferente. Por isso, a primeira função pode ser designada como *"transformação de categorias"*[30]. O passo para a entrada no reino do direito é realizado com a interpretação de determinados fatos como fatos criadores de direito.

1.5.1.2. *Estabelecimento de critérios*

A entrada no reino do direito não poderia ser realizada se a norma fundamental permitisse interpretar todo e qualquer fato, ou seja, por exemplo, toda manifestação de vontade superveniente como um fato criador de direito. Por isso, à norma fundamental compete uma segunda função. Ela precisa determinar quais fatos devem ser vistos como criadores de direito. Ao fazê-lo,

---

30. Cf. Aarnio/Alexy/Peczenik, 1983, pp. 19 ss.; Peczenik, p. 23.

estabelece os critérios do que é direito. Por essa razão, a segunda tarefa pode ser chamada de "estabelecimento de critérios". O critério de Kelsen, como se expôs, é o "de uma constituição efetivamente estabelecida e globalmente eficaz"[31]. Outra variante, em Kelsen, é a "primeira constituição histórica"[32]. Critérios desse tipo contêm uma remissão. Dizem que o critério para [determinar] o que é direito vigente são os critérios da constituição. Por conseguinte, Kelsen pode formular sua norma fundamental de maneira que, em primeiro lugar, ela possa ser facilmente aplicada e, em segundo, que ela possa ser aplicada a todos os sistemas jurídicos desenvolvidos. No caso de Hart, é diferente: ele identifica sua norma fundamental (*rule of recognition*) com as regras da constituição que dizem o que é direito. Com isso, a norma fundamental de Hart torna-se muito complicada, aplicando-se apenas ao sistema jurídico respectivo. Nela, só é geral o fato de todo sistema jurídico desenvolvido ter de conter uma norma desse tipo. Tanto os critérios de Kelsen quanto os de Hart são do tipo positivista. Como se expôs acima, o argumento da injustiça exige uma limitação dos critérios positivistas, e o argumento dos princípios, sua complementação.

1.5.1.3. Instituição da unidade

A terceira função está na *instituição da unidade*:

> "Todas as normas cuja validade pode ser atribuída à mesma norma fundamental formam um sistema normativo, um ordenamento normativo. A norma fundamental é a fonte comum da validade de todas as normas inte-

---

31. Kelsen, 1960, p. 219.
32. *Ibid.*, p. 203.

grantes de um mesmo ordenamento, seu fundamento de validade comum. O fato de determinada norma integrar determinado ordenamento baseia-se no fato de seu derradeiro fundamento de validade ser a norma fundamental desse ordenamento. Essa norma fundamental é o que constitui a unidade de uma pluralidade de normas ao representar o fundamento da validade de todas as normas integrantes desse ordenamento."[33]

Seria possível enxergar um problema no fato de as normas fundamentais dos sistemas jurídicos desenvolvidos serem idênticas quanto a seu conteúdo e seu *status*. A norma fundamental que institui a unidade de diversos sistemas jurídicos é a mesma? Como isso é possível? Ou é a constituição que leva a essa unidade? Aqui, essas questões serão deixadas em aberto.

1.5.2. Status

O problema do *status* da norma fundamental diz respeito principalmente à primeira função, a transformação de categorias. Como norma que fundamenta a validade de todo o direito positivo, a norma fundamental não pode, por sua vez, ser uma norma do direito positivo[34]. Mas, então, de que tipo é ela? Seria possível pensar então que ela só poderia ser uma norma não positiva e que, como tal, teria de ser uma norma do direito natural ou do direito racional, o que Kelsen rejeita enfaticamente[35]. Mas o que seria afinal, já que não é uma norma do direito positivo nem uma norma do direito suprapositivo, ou seja, do direito natural ou racional?

---

33. *Ibid.*, p. 197.
34. *Ibid.*, pp. 201 s.
35. *Ibid.*, pp. 223 ss.

Pode-se perceber que essa não é uma pergunta fácil não apenas pela infindável literatura, mas também porque o próprio Kelsen hesitou a esse respeito no final de sua vida[36]. Sua resposta mais importante encontra-se na segunda edição de *Reine Rechtslehre* [*Teoria pura do direito**] (1960), em que o *status* da norma fundamental é determinado por quatro características.

1.5.2.1. Pressuposto necessário

A primeira característica consiste no fato de a norma fundamental ter *necessariamente* de ser *pressuposta* para que se possa falar em validade jurídica ou dever jurídico[37]. Já ficou claro, na discussão sobre o conceito de norma fundamental, que essa tese deve ser aceita na medida em que uma norma fundamental *qualquer* tem de ser pressuposta para que se possa passar da constatação de que algo é estabelecido e eficaz à constatação de que algo é juridicamente válido ou devido. No entanto, na discussão sobre a possibilidade e o conteúdo da norma fundamental, mostrou-se que essa norma fundamental, embora contenha elementos da norma fundamental kelseniana, deve ser complementada por elementos não positivistas.

Em referência à terminologia kantiana, Kelsen caracteriza sua norma fundamental, por ser ela condição necessária da possibilidade de recognição da validade jurídica e do dever jurídico, como "pressuposto lógico-transcendental" da recognição do direito. Essa caracterização é acertada na medida em que, segundo Kant, é transcendental aquilo que é necessário para tornar possível a re-

---

36. Kelsen, 1964a, pp. 119 s.
* Trad. bras.: São Paulo, Martins Fontes, 2000. [N. da T.]
37. Kelsen, 1960, p. 204.

cognição empírica[38]. Não obstante, existe uma distinção importante entre o transcendental em Kelsen e em Kant. Essa distinção apresenta-se na segunda característica da norma fundamental.

1.5.2.2. Pressuposto possível

A segunda característica da norma fundamental consiste no fato de, embora ela tenha de ser necessariamente pressuposta, *caso* se pretenda interpretar o direito como ordenamento de dever, essa mesma interpretação ser apenas uma *interpretação possível*[39]. Assim, como demonstram as teorias sociológicas e psicológicas do direito, é possível – ainda que não seja muito prolífico para muitas finalidades[40] – descrever e explicar o direito como uma mera conexão de efeitos sociais e/ou psíquicos[41]. O próprio Kelsen o ressalta quando observa que, como alternativa a uma interpretação jurídica, seria pertinente uma interpretação sociológica que entendesse o direito como um sistema de "relações de poder"[42]. Por isso, pode-se dizer que a norma fundamental é um pressuposto necessário meramente possível ou meramente hipotético.

Isso tem consequências para seu caráter transcendental[43]. Segundo Kant, no âmbito da experiência empírica não existem alternativas, por exemplo, para as formas de percepção do espaço e do tempo. Assim, a re-

---

38. Cf. Kant, 1903, p. 373: "A palavra transcendental [...] não significa algo que ultrapassa toda experiência, e sim aquilo que, embora a anteceda (*a priori*), destina-se apenas a tornar possível a recognição da experiência."
39. Kelsen, 1960, pp. 218, 224, 443.
40. Quanto ao fato de que, até mesmo para um sociólogo do direito, não é aconselhável interpretar o direito como um sistema de meros fatos, cf. Rottleuthner, 1981, pp. 31 ss., 91 ss.
41. Cf. R. Dreier, 1979, p. 95.
42. Kelsen, 1960, p. 224.
43. Cf. Paulson, 1990, pp. 173 ss.

cognição empírica só é possível dentro do espaço e do tempo[44]. Em contrapartida, a recognição dos fenômenos jurídicos também é possível, em princípio, sem o emprego da categoria do dever. Mesmo assim, esse aspecto não elimina totalmente o caráter transcendental do argumento de Kelsen. Ele pode até não demonstrar uma necessidade incondicional da norma fundamental e, por conseguinte, da categoria do dever, mas prova uma necessidade condicional. O ponto de vista jurídico ou aquele do participante de um sistema jurídico é definido pelo fato de, a partir dele, o direito ser interpretado como um sistema normativo vigente ou como um ordenamento de deveres. De fato, podemos nos recusar não apenas em ação, mas também em pensamento, a participar do jogo (extremamente real) do direito. Todavia, se ingressarmos nesse jogo – e existem boas razões para isso, ao menos na prática –, não existirá alternativa à categoria do dever e, consequentemente, à norma fundamental. Por conseguinte, o argumento de Kelsen pode ser chamado de "argumento transcendental fraco". Isso mostra que uma norma fundamental (não necessariamente a de Kelsen) que introduz a categoria do dever é a chave para o reino do direito.

1.5.2.3. Norma pensada

A terceira característica da variante kelseniana da norma fundamental consiste no fato de que essa norma deve ser apenas uma *norma pensada*[45]. Isso porque, como

---

44. Kant 1781/1787: A 24/B 38: "O espaço é uma representação necessária *a priori*, que serve de fundamento a todas as percepções externas"; A 31/B 46: "O tempo é uma representação necessária que serve de fundamento a todas as percepções."

45. Kelsen, 1960, pp. 206 s.

norma desejada, ela precisa pressupor outra norma, que transforme o conteúdo do querer, antes de tudo, no conteúdo de um dever, pois de um mero querer não resulta um dever. Mas, nesse caso, a norma fundamental não seria a norma fundamental.

A primeira e a segunda características da norma fundamental poderiam ser aceitas. Mas aqui começam os problemas. O primeiro é o do conceito de uma norma pensada. Em sua obra tardia, Kelsen voltou atrás[46] em sua tese de que a norma fundamental seria unicamente o "conteúdo de um ato de pensamento"[47]. Não existiria "um dever sem um querer"[48]. Por isso, "juntamente com a norma fundamental pensada, [dever-se-ia] pensar também em uma autoridade imaginária, [...] cujo ato de vontade – simulado – teria a norma fundamental como sentido"[49]. O próprio Kelsen descreve essa representação como "contraditória em si mesma", já que, segundo ela, a mais alta autoridade seria autorizada por outra ainda mais alta – ainda que apenas simulada[50]. Mas isso significa que a mais alta autoridade não é a autoridade mais alta. Do mesmo modo, seria preciso simular outra norma fundamental que autorizasse a autoridade simulada a instituir a norma fundamental, o que, em primeiro lugar, subtrairia à norma fundamental originária seu caráter de norma fundamental e, em segundo – como a outra norma fundamental só poderia ser o conteúdo de um ato de vontade –, pressuporia, *ad infinitum*, outras auto-

---

46. Kelsen, 1964a, p. 119: "Expus toda a minha teoria da norma fundamental como uma norma que não é o sentido de um ato de vontade, mas que é pressuposta no pensamento. Mas, infelizmente, senhores, devo reconhecer que já não posso manter essa teoria e que deveria abandoná-la."
47. Kelsen, 1960, p. 206.
48. *Idem*, 1964b, p. 74.
49. *Ibid.*, p. 70.
50. Kelsen, 1979, p. 207.

ridades simuladas e normas fundamentais simuladas que as autorizassem. A tese de Kelsen de que se trataria de uma "verdadeira ficção" e de que esta seria caracterizada justamente pelo fato de ser contraditória em si[51] não soluciona o problema.

Só será possível encontrar uma solução se renunciarmos à ideia de que todo dever tem de ser atribuível a um querer. Há boas razões para tanto. Na maioria das vezes, um dever está conectado a um querer, mas também existe dever sem querer. Assim, baseando-se em considerações de justiça ou equidade, uma pessoa pode chegar à concepção de que é moralmente obrigada a não sonegar impostos, mas, ao mesmo tempo, continuar querendo sonegá-los, agindo assim contra sua compreensão do que é moralmente devido. A recognição de um dever não está necessariamente vinculada a um ato de vontade próprio nem a um ato de vontade alheio[52]. Se isso estiver correto, a ideia de que a norma fundamental é uma norma meramente pensada não apresenta dificuldades.

Um segundo problema é o do caráter normativo ou prescritivo de uma norma fundamental pensada. Kelsen formula a norma fundamental pensada de modo que, segundo ela, algo deve ser feito: "Devemos nos comportar como a constituição prescreve."[53] Esse é um lado da questão. O outro é que, para Kelsen, a ciência do direito, quando reconhece o direito baseando-se nessa norma fundamental, nada prescreve: "Ela não prescreve que devemos obedecer às ordens do legislador constitucional."[54] Como é possível que um cientista do direito, por um

---

51. *Ibid.*, p. 206.
52. A base dessa tese é constituída pelo conceito semântico de norma. A esse respeito, cf. Alexy, 1985, pp. 42 ss.
53. Kelsen, 1960, p. 204.
54. *Ibid.*, 208.

lado, ao formular um enunciado sobre o que é juridicamente devido, pressuponha necessariamente que devemos nos comportar como a constituição e, com ela, o direito prescrevem, mas, por outro, com a formulação desse enunciado, não prescreva que devemos nos comportar conforme a constituição e, por conseguinte, conforme o direito? A solução está no conceito de prescrição. Uma pessoa a prescreve algo a uma pessoa b quando exige de b que b faça algo. Segundo Kelsen, o cientista do direito, como tal, não exige que ninguém se comporte conforme a constituição e, consequentemente, conforme o direito. Como cientista do direito, ele pode simplesmente informar sobre um dever jurídico e, ao mesmo tempo, como pessoa, exigir por razões morais que ele não seja cumprido. Isso leva a um caráter hipotético ou relativo da normatividade do direito. Um cientista do direito que dá uma informação sobre um dever jurídico não diz: "Você deve executar a ação c." Sua informação é mais no sentido de: "Se você se posicionar do ponto de vista do direito, será obrigado a executar a ação c." Para poder dizer isso, e apenas para poder dizê-lo, é necessária a norma fundamental kelseniana com o conteúdo: "Devemos nos comportar como a constituição prescreve". Com isso, o cientista do direito, na realidade, nada prescreve. A decisão de se posicionar do ponto de vista do direito é deixada às livres ponderações do destinatário dessa proposição. Sobretudo, não lhe é prescrito que se posicione do ponto de vista do direito. Toma-se uma posição totalmente indiferente em relação ao direito. Existe um dever jurídico somente para aquele que, independentemente das razões, participa do jogo do direito. Para aquele que não o faz, existe apenas o risco de ser afetado por atos coativos. Nessa medida, o direito não obriga a nada. Não há dúvida de que essa interpretação é possível. Resta apenas saber se ela é adequada.

O caráter hipotético ou relativo da normatividade do direito é formulado em muitas proposições de Kelsen de forma extremamente incompleta. Assim, segundo Kelsen, a conclusão de um silogismo da norma fundamental precisa dizer que devemos nos comportar de determinada maneira[55]. Isso desperta a impressão de que a norma fundamental levaria a uma obrigação categórica e independente do ponto de vista, o que pode induzir à interpretação incorreta de que Kelsen, com sua norma fundamental, estaria justificando um dever geral de obedecer a toda e qualquer norma jurídica. Por isso, em relação à norma fundamental, seria melhor que se falasse não meramente de um dever, e sim de um dever jurídico. Todavia, continua em aberto a questão de a interpretação de Kelsen sobre esse dever ser adequada ou não.

1.5.2.4. Insuscetibilidade de fundamentação

A quarta característica da norma fundamental consistiria no fato de ela *não ser suscetível de nenhuma fundamentação*: "Já não se (pode) perguntar acerca do fundamento de sua validade."[56] À primeira vista, essa tese é plausível. A norma fundamental, como tal, é a norma máxima. Se tivesse de ser fundamentada, seria preciso que uma norma ainda superior fosse pressuposta. Mas, nesse caso, a norma fundamental já não seria a norma máxima e, por conseguinte, já não seria a norma fundamental. Contudo, considerando mais de perto, fica claro que esse argumento é fácil de ser derrubado. A norma fundamental de que se trata aqui é apenas a norma fundamental do direito. De fato, como norma máxima do

---

55. *Ibid*. p. 205.
56. Kelsen, 1964b, p. 66; *idem*, 1960, p. 197.

direito, ela já não pode ser fundamentada por outra norma do direito. Contudo, isso não exclui que ela seja fundamentada por normas ou aspectos normativos de outro tipo, por exemplo por normas morais ou ponderações acerca da adequação. Kelsen poderia objetar que, nesse caso, essas normas seriam a norma fundamental do direito ou que essas ponderações precisariam ser reformuladas numa norma fundamental do direito. Porém esse não é necessariamente o caso. Pode-se dizer que, com a norma fundamental, deu-se o passo para a entrada no reino do direito e que existem razões morais ou de outro tipo, não jurídicas, para se dar esse passo.

Para compreender que é incorreta a tese de Kelsen segundo a qual a validade de sua norma fundamental já não pode "ser questionada",[57] basta perguntar por que todo ordenamento coativo eficaz em termos globais deve ser interpretado como ordenamento jurídico. Kelsen tem razão ao dizer que todo ordenamento coativo eficaz em termos globais só deve ser interpretado como ordenamento jurídico quando se pressupõe sua norma fundamental. Mas por que precisamos interpretar um ordenamento coativo eficaz em termos globais como ordenamento jurídico? Uma referência à norma fundamental não basta como fundamentação. Pois o fato de pressupor a norma fundamental significa justamente que se interpreta como ordenamento jurídico todo ordenamento coativo eficaz em termos globais. Porquanto a interpretação como ordenamento jurídico e a pressuposição da norma fundamental são dois aspectos da mesma questão, uma não pode ser usada para fundamentar a outra.

A pergunta sobre por que se deve interpretar todo ordenamento coativo eficaz em termos globais como or-

---

57. *Idem*, 1960, p. 197.

denamento jurídico, ou seja, por que se deve pressupor a norma fundamental de Kelsen admite diversas respostas. A primeira diz que isso é uma questão de mera decisão. No entanto, isso não constitui uma fundamentação. A segunda diz que isso seria adequado. Indivíduos isoladamente considerados e coletividades (Estados, por exemplo) poderiam orientar-se melhor e, portanto, ter mais êxito em suas ações se fizessem essa interpretação. Essa é uma fundamentação; caberia apenas perguntar se, de todas as alternativas, a norma fundamental de Kelsen é a melhor condição para o sucesso. A terceira resposta é que razões morais – como a de que uma guerra civil deve ser evitada – exigem a norma fundamental. Aqui também a questão decisiva é saber se a melhor fundamentação moral conduz realmente à versão kelseniana de uma norma fundamental. O argumento da injustiça, discutido no âmbito da crítica do positivismo jurídico, mostrou que existem razões morais fundadas para não se atribuir caráter jurídico a tudo o que é estabelecido e eficaz; e o argumento dos princípios leva a concluir que direito não é só o que é estabelecido e eficaz. O assunto será retomado quando se discutir a norma fundamental de Kant. A quarta resposta diz que a norma fundamental de Kelsen exprime o que desde sempre foi a base da prática jurídica. Essa é uma fundamentação empírico-reconstrutiva. Kelsen aproxima-se dessa fundamentação quando afirma: "Ela apenas traz à consciência aquilo que todos os juristas fazem, na maioria das vezes, inconscientemente." Mas volta a afastar-se dela de pronto ao acrescentar: "Quando entendem o direito exclusivamente como direito positivo."[58] Se os juristas entendem o direito exclusivamente como direito po-

---

58. *Ibid.*, p. 209.

sitivo é uma questão empírica. Todavia, Kelsen não trata dela. Por isso, sua tese de que a norma fundamental apenas traz à consciência aquilo que os juristas fazem quando entendem o direito exclusivamente como direito positivo não é uma afirmação empírica. Ela não contém uma reconstrução empírica da prática jurídica, mas explicita ou define o ponto de vista do positivista jurídico. Não é só a pergunta acerca da correção desse ponto de vista que fica em aberto. Aqui, tampouco interessa saber se a prática jurídica efetivamente exercida é corretamente interpretada.

Por isso, resumidamente, é possível constatar o seguinte quanto à teoria da norma fundamental de Kelsen: ele tem razão quando afirma que uma norma fundamental deve ser pressuposta se se pretende passar da constatação de que algo é estabelecido e eficaz para a constatação de que algo é juridicamente válido ou juridicamente devido. Mas essa norma fundamental não precisa ter o conteúdo da norma fundamental kelseniana. Assim, ela pode conter elementos morais que considerem o argumento da injustiça. Ademais, deve-se concordar com Kelsen que, embora se deva pressupor necessariamente uma norma fundamental quando se pretende interpretar o direito como ordenamento de dever, também é possível renunciar a essa interpretação. Por isso, a norma fundamental tem apenas um caráter transcendental fraco. Por fim, é correto que a norma fundamental é uma norma meramente pensada. Em contrapartida, não é correta a afirmação de Kelsen de que a norma fundamental não é suscetível de fundamentação. Ao contrário, ela carece de fundamentação. Isso leva ao problema de uma norma fundamental normativa.

2. A NORMA FUNDAMENTAL NORMATIVA (KANT)

Kant não fala de uma "norma fundamental", e esta – diferentemente do que acontece em Kelsen – tampouco se encontra no centro de sua filosofia do direito. Mas, em todo caso, ele formula claramente a ideia de uma norma fundamental:

> "Assim, pode-se pensar numa legislação externa que contenha unicamente leis positivas; mas, nesse caso, seria preciso que precedesse uma lei natural que fundamentasse a autoridade do legislador (isto é, a autorização para vincular outras pessoas mediante seu mero arbítrio)."[59]

Estão, assim, designadas as características essenciais de uma norma fundamental. Trata-se de uma norma que precede as leis positivas e que fundamenta não apenas a autorização do legislador para promulgá-las, mas também, por conseguinte, sua validade. A distinção crucial em relação a Kelsen consiste no fato de a norma fundamental de Kant, além de ser um pressuposto epistemológico, ser também uma "lei natural". Segundo Kant, uma lei natural é uma lei cuja "obrigatoriedade também pode ser reconhecida sem legislação externa, *a priori*, por meio da razão"[60]. Assim, pois, a norma fundamental de Kant é uma norma do direito racional ou – como se diz em referência a uma terminologia mais antiga – do direito natural[61]. Trata-se, portanto, de uma fundamentação jusracional ou jusnatural da validade do direito positivo. Uma fundamentação desse tipo leva ao exato contrário do caráter moralmente indiferente que o

---
59. Kant, 1907a, p. 224.
60. *Ibid.*
61. *Ibid.*, p. 237.

direito tem em Kelsen. Conduz a um dever moral de obediência ao direito.

A teoria da norma fundamental de Kant está incorporada ao contexto de sua filosofia do direito, e esta, por seu lado, está estreitamente conectada com sua filosofia moral[62]. Nem uma nem outra podem ser expostas aqui de forma elementar. Somente se lançará um olhar sobre as razões que Kant apresenta para sua norma fundamental, bem como sobre o conteúdo dela.

A fundamentação de Kant para sua norma fundamental é parte de sua fundamentação da necessidade do direito positivo. Essa fundamentação encontra-se na tradição das teorias do contrato social. Constitutiva dessas teorias é a distinção entre um estado de natureza e um estado jurídico ou estatal – que Kant chama de "civil". As diferenças entre as teorias do contrato social resultam, entre outras coisas, da interpretação do estado de natureza. Segundo Kant, nele já existem direitos fundamentados pela razão. Contudo, estes não estão assegurados no estado de natureza. Por isso, seria um mandamento da razão passar para o estado civil ou estatal com o objetivo de garantir esses direitos:

> "Assim, reside *a priori* na ideia racional de tal estado (não jurídico) que, antes da instituição de um estado legal público, homens, povos e Estados isolados nunca podem estar seguros em relação à violência recíproca, e cada um tem o direito de fazer o que pensa ser justo e bom para si, sem, para tanto, depender da opinião do outro; desse modo, a primeira decisão que o homem deve tomar, a menos que queira renunciar a todos os conceitos de direito, refere-se ao seguinte princípio: é preciso sair do estado de natureza, no qual cada um segue sua pró-

---

62. Cf. R. Dreier, 1981c, pp. 286 ss.

pria ideia, unir-se a todos os outros (com os quais ele não pode evitar entrar em interação) e submeter-se a uma coação legal externa e pública, ingressando, assim, num estado em que a cada um se determina legalmente e se atribui mediante um poder suficiente (que não é o seu próprio, mas externo) o que deve ser reconhecido como seu; isto é, ele deve, antes de mais nada, ingressar num estado civil."[63]

Poder-se-ia então pensar que essa fundamentação da necessidade do direito positivo faz com que os direitos naturais, a cuja garantia o direito positivo deve servir, sejam acolhidos de alguma forma na norma fundamental. Mas esse não é o caso. A norma fundamental de Kant orienta-se exclusivamente pela segurança e pela paz jurídicas. O conteúdo do direito positivo ao qual ela confere validade é tão pouco importante quanto em Kelsen. É o que se percebe quando Kant formula sua norma fundamental como um "princípio prático da razão", que exprime o mandamento de que "o poder legislativo atualmente existente deve ser obedecido, seja qual for sua origem"[64]. Isso leva a uma primazia estrita, jusracionalmente fundamentada, do direito positivo sobre o direito racional. Essa consequência é extremamente clara nas exposições de Kant acerca do direito de resistência e da função dos juristas. O direito de resistência é rejeitado:

"Assim, contra a suprema autoridade legisladora do Estado não existe uma resistência legítima do povo; pois um estado jurídico só é possível pela submissão a sua vontade universalmente legislativa."[65]

---

63. Kant, 1907a, p. 312.
64. *Ibid.*, p. 319.
65. *Ibid.*, p. 320.

Quanto à função dos juristas, ele afirma:

"O jurista letrado busca as leis de garantia do meu e do teu não em sua razão (procedendo, como deve ser, na qualidade de funcionário do governo), mas no código tornado público e sancionado pela instância máxima. Não seria justo exigir dele a prova da verdade e da legalidade de tais leis nem encarregá-lo de defendê-las contra as objeções feitas pela razão. Pois são os decretos que, antes de tudo, fazem com que algo seja justo; por isso, querer saber se os próprios decretos também podem ser justos é um despropósito a ser imediatamente rechaçado pelos juristas. Seria ridículo querer furtar-se à obediência a uma vontade externa e superior por ela ser pretensamente inconciliável com a razão. Pois o prestígio do governo consiste justamente em não deixar aos súditos a liberdade de julgar sobre o que é justo ou não segundo seus próprios conceitos, e sim segundo a prescrição do poder legislador."[66]

A primazia estrita do direito positivo sobre o direito racional, jusracionalmente fundamentada por Kant, nunca deixou de ser criticada[67]. É possível apoiar essa crítica nas teses de Kant, que não podem – ou que dificilmente podem – ser conciliadas com uma primazia estrita de uma lei positiva qualquer, incluída uma lei extremamente injusta, sobre o direito racional. Assim, ele repreende um jurisconsulto que se orienta de modo meramente empírico:

"O que é direito (*quid sit iuris*), isto é, aquilo que as leis dizem ou disseram em determinado lugar e em determinado momento, ele ainda pode muito bem indicar:

---

66. Kant, 1970b, pp. 24 s.
67. Cf., com outras remissões, R. Dreier, 1985, pp. 302 ss.

mas permanece-lhe oculto se o que elas pretendiam também é justo, bem como o critério universal pelo qual ele poderia reconhecer tanto o justo quanto o injusto (*iustum et iniustum*). Uma doutrina jurídica meramente empírica é uma cabeça (como a cabeça de madeira da fábula de Fedro) que pode até ser bela, mas que – infelizmente! – não tem cérebro."[68]

Como é possível conciliar com isso a opinião de Kant anteriormente citada de que a questão da correção ou da justiça das leis estatais "é um despropósito a ser imediatamente rechaçado pelos juristas"[69]? A "pedra de toque da legalidade de toda lei pública", formulada por Kant, também desperta dúvidas quanto à coerência interna de sua teoria, que diz:

"O que um povo não pode decidir sobre si mesmo, tampouco pode o legislador decidir sobre o povo."[70]

Será mesmo que esse critério nunca pode restringir o dever de obediência à lei, mesmo em casos de arbitrariedade tirânica? É realmente necessário que a segurança e a paz jurídicas exijam a observância de toda lei estatal, mesmo que se trate de uma lei extremamente injusta, que, segundo Kant, despreza totalmente "o único direito original que cabe a todo homem em virtude de sua humanidade"[71]? A discussão sobre o argumento da injustiça mostrou que tal primazia ilimitada do direito positivo deve ser rejeitada: a leis extremamente injustas deve-se negar o caráter jurídico[72].

---

68. Kant, 1907a, pp. 229 s.
69. Cf. R. Dreier, 1986, p. 10.
70. Kant, 1912, pp. 297, 304.
71. Kant, 1907a, p. 237.
72. Cf. *supra*, pp. 48 ss.

Cabe perguntar o que isso significa para a apreciação da norma fundamental de Kant. Duas possibilidades se oferecem. A primeira é escolhida por quem afirma que a norma fundamental de Kant é a que melhor corresponde a seus princípios fundamentais. Portanto, ela deveria ser criticada com base em aspectos a ser estabelecidos fora do sistema kantiano. A segunda é escolhida por quem afirma que a norma fundamental de Kant não é uma dedução necessária nem a melhor dedução de seus princípios fundamentais. Essa tese pode ser vinculada à afirmação de que uma limitação do dever de obediência exigido pela norma fundamental kantiana mediante um critério como aquele da fórmula de Radbruch é mais adequada ao sistema kantiano do que a versão rígida apresentada por Kant. A essa ideia corresponde a noção teórico-interpretativa de que mesmo um grande filósofo nem sempre faz, necessariamente, as deduções corretas de seus princípios fundamentais. Aqui, não é possível expor com a profundidade exigida qual das duas possibilidades deve ser preferida. Por isso, manifestaremos apenas a conjectura de que Kant, com a formulação estrita de sua norma fundamental, não tirou uma conclusão necessariamente indicada em seu sistema, mas está submetido a representações do Estado autoritário de sua época[73]. Se essa conjectura estiver correta, a norma fundamental de Kant deve ser modificada no sentido do argumento da injustiça. Se não estiver correta, a norma fundamental de Kant, fundamentada no direito racional, é mais positivista em suas repercussões do que a de Kelsen. A norma fundamental de Kelsen diz apenas que, querendo, toda norma estabelecida e eficaz pode ser interpretada como norma juridicamente válida, e que

---

73. Cf. R. Dreier, 1979, p. 93.

disso não resultam quaisquer tipos de obrigações morais. Em contrapartida, a norma fundamental de Kant – se não fosse limitada – diria que toda norma estabelecida e eficaz deve ser interpretada como norma juridicamente válida, querendo ou não, e que se é moralmente obrigado a obedecer a toda norma desse tipo. Esse positivismo radical, moralmente fundamentado, é bem menos aceitável do que a variante epistemológica e cética de Kelsen.

3. A NORMA FUNDAMENTAL EMPÍRICA (HART)

Quanto à crítica da norma fundamental de Hart, o essencial já foi dito quando se discutiu a teoria da norma fundamental de Kelsen. O grande papel que ela desempenha na literatura e o fato de ela ser a mais importante alternativa à norma fundamental de Kelsen, ao lado de uma norma fundamental como a de Kant, exigem, porém, que ela seja exposta sistematicamente no mesmo nível.

Hart não chama sua norma fundamental de "norma fundamental" ("basic norm"), mas de "rule of recognition" ("regra de recognição" ou "regra de reconhecimento"). Todavia, admite que, em alguns aspectos, sua teoria da *rule of recognition* assemelha-se à concepção kelseniana de uma norma fundamental[74]. Ele fundamenta a diferença terminológica principalmente com o *status* distinto de sua norma fundamental[75].

Os pontos comuns são evidentes. A *rule of recognition* contém os critérios para identificar regras (Hart fala

---

74. Hart, 1961, p. 245.
75. *Ibid.*

de "regras" em vez de "normas") como direito vigente[76]. Ela é a regra máxima ("ultimate rule") do sistema jurídico[77]. Nessa qualidade, contém os critérios e, por conseguinte, os fundamentos da validade de todas as outras regras do sistema jurídico além dela mesma[78]. Assim como em Kelsen, chega-se a ela quando, na estrutura escalonada do sistema jurídico, pergunta-se cada vez mais pelo fundamento da validade. Hart o demonstra utilizando-se de um exemplo em que a última resposta e, consequentemente, a formulação da *rule of recognition* correspondente diz: "What the Queen in Parliament enacts is law."[79]

No entanto, tão claras quanto as semelhanças são as diferenças. A mais importante é que tanto a questão acerca da existência de uma *rule of recognition* quanto a de qual é seu conteúdo são questões empíricas[80]:

> "The rule of recognition exists only as a complex, but normally concordant, practice of the courts, officials, and private persons in identifying the law by reference to certain criteria. Its existence is a matter of fact."[81]

Essa seria a razão pela qual só se pode falar da existência, mas não da validade da *rule of recognition*. Com efeito, ela é o critério para a validade de todas as outras regras, mas, como critério máximo de validade, ela mesma, por sua vez, não poderia valer[82]. Sua existência *se mostraria* na forma como os participantes de

---

76. *Ibid.*, p. 97.
77. *Ibid.*, p. 102
78. *Ibid.*, p. 104.
79. *Ibid.*, pp. 103 s.
80. *Ibid.*, p. 245.
81. *Ibid.*, p. 107.
82. *Ibid.*, pp. 105 s.

um sistema jurídico identificam regras como direito vigente[83].

À primeira vista, isso parece ser uma solução sedutoramente simples para o problema da norma fundamental. Contudo, quando se discutiu a norma fundamental de Kelsen, ficou claro que essa solução é demasiado simples. Hart deduz a existência da *rule of recognition* de sua aceitação, que se manifesta na prática jurídica, e a utiliza como fundamento para a validade de todas as outras regras jurídicas. O problema crucial está no conceito de aceitação. Aceitar uma regra que encontra sua expressão numa prática comum significa passar do fato de que existe a prática ao juízo de que se ordena o comportamento em conformidade com essa prática. A vantagem da teoria kelseniana da norma fundamental consiste no fato de essa transição de um ser para um dever não estar escondida atrás de conceitos como os de aceitação e existência de uma prática, mas de ser exposta à luz, tornando-se um tema. Por fim, uma teoria empírica da norma fundamental há de fracassar por não compreender adequadamente o real problema de toda teoria da norma fundamental, a saber, a transição de um ser para um dever[84].

---

83. *Ibid.*, p. 98.
84. Cf. R. Dreier, 1981b, p. 223.

CAPÍTULO 4
Definição

Resumiremos doravante as conclusões das exposições precedentes numa definição, que diz:

O direito é um sistema normativo que (1) formula uma pretensão à correção, (2) consiste na totalidade das normas que integram uma constituição socialmente eficaz em termos globais e que não são extremamente injustas, bem como na totalidade das normas estabelecidas em conformidade com essa constituição e que apresentam um mínimo de eficácia social ou de possibilidade de eficácia e não são extremamente injustas, e (3) ao qual pertencem os princípios e outros argumentos normativos, nos quais se apoia e/ou deve se apoiar o procedimento de aplicação do direito para satisfazer a pretensão à correção.

Essa é uma definição do direito a partir da perspectiva do participante[1] e, por conseguinte, é uma definição jurídica do direito. O conceito definido de direito compreende o da validade[2]. As três partes da definição cor-

---
1. Cf. *supra*, pp. 30 s.
2. Cf. *supra*, pp. 28 s.

respondem aos argumentos da correção, da injustiça e dos princípios.

A *primeira* parte da definição contém a pretensão à correção como elemento de definição[3]. Sistemas normativos que não formulam explícita ou implicitamente uma pretensão à correção não são sistemas jurídicos[4]. Nesse sentido, a pretensão à correção tem uma relevância classificadora[5], com poucas consequências práticas. Sistemas jurídicos efetivamente existentes costumam formular uma pretensão à correção, por menos justificada que seja. Mais importante sob aspectos práticos é a relevância qualificadora[6] da pretensão à correção. Ela consiste no fato de que o mero não cumprimento da pretensão à correção, embora não prive sistemas jurídicos ou normas jurídicas individuais do caráter jurídico ou da validade jurídica, torna-os juridicamente defeituosos[7]. Isso é a expressão do fato de que o direito possui uma dimensão ideal necessária.

Na *segunda* parte da definição, determina-se a relação entre os três elementos clássicos da definição: a legalidade conforme o ordenamento, a eficácia social e a correção material. A determinação dessa relação acontece em dois níveis: o da constituição e o das normas estabelecidas em conformidade com a constituição. Evidencia-se, assim, um alcance limitado da definição. Ela só se aplica a sistemas jurídicos desenvolvidos, que apresentam uma estrutura escalonada. Para sistemas jurídicos não desenvolvidos, seria preciso elaborar uma variante simplificada, o que não será feito aqui.

---

3. Cf. *supra*, pp. 43 ss.
4. Cf. *supra*, pp. 41 s.
5. Cf. *supra*, pp. 31 s.
6. Cf. *supra*, pp. 31 s.
7. Cf. *supra*, p. 43.

Pressupõe-se da validade de uma constituição que ela seja socialmente eficaz em termos globais. Com essa fórmula, faz-se referência à validade social do sistema jurídico como um todo, pois uma constituição só é socialmente eficaz em termos globais quando o sistema jurídico como um todo, estabelecido em conformidade com ela, também for socialmente eficaz em termos globais[8]. Além disso, o conceito de eficácia social em termos globais contém as características – citadas em muitas definições de direito – da coação e da dominância em relação a sistemas normativos concorrentes. Esse conceito contém a característica da coação, porque a eficácia social de uma norma consiste em sua observância ou em punição caso ela não seja observada, e porque a punição em caso de inobservância de normas jurídicas inclui o exercício da coação física, que, nos sistemas jurídicos desenvolvidos, é coação organizada pelo Estado[9]. A característica da dominância em relação a sistemas normativos concorrentes compreende o conceito da eficácia social em termos globais, porque um sistema normativo que não se impõe perante outros em caso de conflito não é socialmente eficaz em termos globais[10].

O que se disse até aqui quanto à validade da constituição, ou seja, quanto ao primeiro nível da segunda parte da definição, também se aplica aos conceitos positivistas de direito. Esse trecho da definição ganha um caráter não positivista quando o critério da constituição socialmente eficaz em termos globais é limitado pela característica negativa que define a injustiça extrema. A razão disso é o argumento da injustiça[11]. Há que se ressaltar

---

8. Cf. *supra*, pp. 105 ss.
9. Cf. *supra*, pp. 101 ss.
10. Cf. *supra*, pp. 106 s.
11. Cf. *supra*, pp. 48 ss.

aqui que, diferentemente da característica da eficácia social, aquela da injustiça extrema não se refere à constituição como um todo, mas apenas a normas individuais da constituição[12]. Isso evidencia que a validade jurídica de um sistema jurídico como um todo depende mais da validade social do que da validade moral[13].

No segundo nível da segunda parte da definição, trata-se de normas individuais estabelecidas em conformidade com a constituição. Esse segundo nível é necessário, porque, no caso das normas individuais, diferentemente do que acontece com os sistemas jurídicos, uma eficácia social existente em termos globais não é condição de sua validade jurídica. Num sistema jurídico estruturado em níveis, esse critério é substituído pelo da legalidade conforme o ordenamento, obedecendo a uma constituição socialmente eficaz em termos globais[14]. A esse critério aplicam-se duas restrições. Normas individuais estabelecidas em conformidade com o ordenamento perdem a validade jurídica quando não apresentam um mínimo de eficácia social ou de possibilidade de eficácia e/ou quando são extremamente injustas[15]. Esta última restrição volta a exprimir o caráter não positivista do conceito de direito aqui apresentado.

Enquanto a segunda parte da definição restringe o conceito positivista de direito com a característica da injustiça extrema, a *terceira* parte amplia o alcance daquilo que integra o direito. Isso acontece por meio da incorporação do procedimento de aplicação do direito ao conceito de direito[16]. No âmbito de abertura do direito, tudo

---

12. Cf. *supra*, pp. 76 ss.
13. Cf. *supra*, p. 110.
14. Cf. *supra*, pp. 107 s.
15. Cf. *supra*, p. 48 ss.; 107 s.
16. Cf. *supra*, pp. 29 s.

aquilo em que se apoia e/ou deve apoiar-se quem aplica o direito para satisfazer a pretensão à correção integra o direito[17]. Assim, os princípios – ainda que não possam ser identificados como princípios jurídicos em virtude dos critérios de validade da constituição – e os outros argumentos normativos que fundamentam a decisão tornam-se componentes do direito. A cláusula "apoia-se e/ou deve apoiar-se" exprime a combinação entre a dimensão real e a dimensão ideal da aplicação do direito. Integram o direito tanto aqueles argumentos com os quais quem o aplica sustenta facticamente suas decisões, mesmo quando estas não satisfazem a pretensão à correção, quanto aqueles nos quais as decisões devem apoiar-se para satisfazer a pretensão à correção. Com isso, torna-se possível uma crítica da prática jurídica decisória a partir do ponto de vista do direito.

---

17. Cf. *supra*, pp. 83 ss.

TRADUÇÃO DAS CITAÇÕES

p. 19. "As previsões sobre o que os tribunais efetivamente farão, e nada mais pretensioso que isso, são o que entendo por direito."

p. 20. "Toda lei ou norma [...] é um comando."

p. 21. "O comando não se distingue das demais expressões de vontade pelo estilo com que a vontade é expressa, mas pelo fato de a parte que comanda ter o poder e a intenção de infligir dano ou dor caso sua vontade seja desrespeitada."

p. 21. "Dentre as leis ou normas estipuladas por alguns homens para outros homens, algumas são estabelecidas por superiores políticos, soberanos ou súditos: por pessoas que exercem o governo supremo ou subordinado em nações ou sociedades políticas independentes [...] É ao agregado das normas assim estabelecidas, ou a algum agregado que constitua uma fração desse agregado maior, que se aplica exclusivamente, em sua acepção simples e rigorosa, o termo 'direito'."

p. 21. "Se um superior humano determinado, que não tenha o hábito de obedecer a um superior semelhante a si, recebe a obediência habitual da maior parte de determinada sociedade, esse superior determinado é soberano nessa sociedade [...]"

p. 23. "A norma de reconhecimento só existe como uma prática complexa, embora normalmente convergente, que envolve a identificação do direito pelos tribunais, autoridades e indivíduos privados por meio da referência a determinados critérios. Sua existência é uma questão de fato."

p. 29. "o esforço direcionado empenhado na criação da lei e a lei que de fato nasce desse esforço"

p. 40. "Sem a justiça, o que são os reinos senão um grande bando de salteadores? E o que é um bando de salteadores senão um pequeno reino?"

p. 46. "O gato está no tapete, mas não acredito que esteja"

p. 84 – "Na medida determinada pela discricionariedade do juiz, o direito não existe em absoluto."

p. 84. –"O conceito de direito é interpretativo."

p. 92. "O direito de todos os Estados modernos mostra em inúmeros pontos a influência tanto da moral social aceita quanto de ideais morais mais abrangentes."

p. 116. "Sempre notei que os autores, seguindo por certo tempo a via ordinária de raciocínio, estabelecem que existe um Deus ou fazem observações sobre os assuntos humanos; mas, de repente, em lugar de encontrar a habitual justaposição das proposições 'é' e 'não é', surpreende-me por constatar que todas as proposições passam a estar vinculadas a um 'deve' ou 'não deve'. Essa mudança, conquanto imperceptível, tem consequências de capital importância. Uma vez que o 'deve' ou 'não deve' expressa uma nova relação ou afirmação, é necessário que esta seja observada e explicada; ao mesmo tempo, é necessário que se apresentem razões para algo que parece absolutamente inconcebível: que esta nova relação seja deduzida de outras que são completamente diferentes dela."

p. 117. "Se uma constituição que especifica as várias fontes do direito é uma realidade viva, no sentido de que os tribunais e autoridades do sistema realmente identificam o direito de acordo com os critérios que ela oferece, então a constituição é aceita e realmente existe. Parece redundante e desnecessário afirmar que há uma norma ulterior que diz que a constituição (ou aqueles que a 'formularam') devem ser obedecidos."

p. 118. "Mas a própria norma, de acordo com seu conteúdo imediato, expressa o que os indivíduos devem fazer. Qual é, pois, o sentido de afirmar-se que os indivíduos devem fazer o que devem fazer!"?

pp. 146. "É lei o que a Coroa decreta por meio do Parlamento."

p. 146. "A norma de reconhecimento só existe como uma prática complexa, embora normalmente convergente, que envolve a identificação do direito pelos tribunais, autoridades e indivíduos privados por meio da referência a determinados critérios. Sua existência é uma questão de fato."

REFERÊNCIAS BIBLIOGRÁFICAS

AARNIO, Aulis, ALEXY, Robert e PECZENIK, Aleksander (1983). "Grundlagen der juristischen Argumentation", in: KRAWIETZ, Werner e ALEXY, Robert (orgs.). *Metatheorie juristischer Argumentation*, Berlim, pp. 9-87.
ALEXY, Robert (1981). "Die Idee einer prozeduralen Theorie der juristischen Argumentation", in: *Rechtstheorie*, suplemento 2 pp. 177-88.
—— (1985). *Theorie der Grundrechte*, Baden-Baden (reimpressão: Frankfurt a. M., 1986).
—— (1990). "Zur Kritik des Rechtspositivismus", in: *Archiv für Rechts- und Sozialphilosophie*, suplemento 37, pp. 9-26.
—— (1991a). *Theorie der juristischen Argumentation* (1978), 2.ª ed., Frankfurt a. M.
—— (1991b). "Eine diskurstheoretische Konzeption der praktischen Vernunft", conferência proferida no 15° Congresso Mundial de Filosofia Jurídica e Social, realizado em 1991 em Göttingen (publicado nos anais do congresso).
AUGUSTINUS, Aurelius (1979). *De civitate dei/Der Gottesstaat*, org. e trad. alemã de Carl Johann Perl, 2 vol., Paderborn, Munique, Viena e Zurique.
AUSTIN, John (1885). *Lectures on Jurisprudence or the Philosophy of Positive Law* (1861), 2 vols., 5.ª ed., Londres.
AUSTIN, John Longshaw (1962). *How to Do Things with Words*, Londres, Oxford e Nova York.
—— (1970). "The Meaning of a Word", in: *idem. Philosophical Papers*, 2.ª ed., Londres, Oxford e Nova York, pp. 55-75.
BIERLING, Ernst Rudolf (1894). *Juristische Prinzipienlehre*, v. 1., Freiburg im Breisgau e Leipzig.
BITTNER, Claudia (1988). *Recht als interpretative Praxis*, Berlim.

BYDLINSKI, Franz (1982). *Juristische Methodenlehre und Rechtsbegriff*, Viena e Nova York.
DREIER, Horst (1991). "Die Radbrusche Formel – Erkenntnis oder Bekenntnis?", in: MAYER, Heinz *et alii* (orgs.). *Festschrift für Robert Walter*, Viena, pp. 117-35.
DREIER, Ralf (1979). "Bemerkungen zur Rechtserkenntnistheorie", in: *Rechtstheorie*, suplemento 2, pp. 89-105.
—— (1981a). "Recht und Moral", in: *idem. Recht – Moral – Ideologie*, Frankfurt a. M., pp. 180-216.
—— (1981b). "Sein und Sollen", in: *idem. Recht – Moral – Ideologie*, Frankfurt a. M., pp. 217-40.
—— (1981c). "Zur Einheit der praktischen Philosophie Kants", in: *idem. Recht – Moral – Ideologie*, Frankfurt a. M., pp. 286-315.
—— (1985). "Rechtsgehorsam und Widerstandsrecht", in: BRODA, Christian *et alii* (orgs.). *Festschrift für Rudolf Wassermann*, Neuwied e Darmstadt, pp. 299-316.
—— (1986). *Rechtsbegriff und Rechtsidee*, Frankfurt a. M.
—— (1987). "Neues Naturrecht oder Rechtspositivismus?", in: *Rechtstheorie 18*, pp. 368-85.
—— (1991). "Der Begriff des Rechts", in: *idem. Recht – Staat – Vernunft*, Frankfurt a. M., pp. 95-119.
DWORKIN, Ronald (1984). *Bürgerrechte ernstgenomme*, Frankfurt a. M.
—— (1986). *Law's Empire*, Cambridge, Massachusetts e Londres. [Trad. bras. *O império do direito*, Martins Fontes, 2.ª ed., 2007.]
FULLER, Lon L. (1969). *The Morality of Law*, ed. rev., New Haven e Londres.
GEIGER, Theodor (1987). *Vorstudien zu einer Soziologie des Rechts*, 4.ª ed., Berlim.
GÜNTHER, Klaus (1988). *Der Sinn für Angemessenheit*, Frankfurt a. M.
HAMLYN, D. W. (1967). "Analytic and Synthetic Statements", in: EDWARDS, Paul (org.). *The Encyclopedia of Philosophy*, v. 1, Nova York e Londres, pp. 105-9.
HART, H. L. A. (1961). *The Concept of Law*, Oxford. [Trad. bras. *O conceito de direito*, São Paulo, WMF Martins Fontes, 2009.]
—— (1971). "Der Positivismus und die Trennung von Recht und Moral", in: *idem. Recht und Moral*, Göttingen, pp. 14-57.
HOERSTER, Norbert (1986). "Zur Verteidigung des Rechtspositivismus", in: *Neue Juristische Wochenschrift*, pp. 2.480-2.
—— (1987). "Die rechtsphilosophische Lehre vom Rechtsbegriff", in: *Juristische Schulung*, pp. 181-8.
—— (1990). "Zur Verteidigung der rechtspositivistischen Trennungsthese", in: *Archiv für Rechts- und Sozialphilosophie*, suplemento 37, pp. 27-32.

REFERÊNCIAS BIBLIOGRÁFICAS

HÖFFE, Otfried (1987). *Politische Gerechtigkeit*, Frankfurt a. M. [Trad. bras. *Justiça política*, São Paulo, Martins Fontes, 3.ª ed., 2006.]
HOLMES, Oliver Wendell (1897). "The Path of the Law", in: *Harvard Law Review* 10, pp. 457-78.
HUME, David (1888). *A Treatise of Human Nature*, org. por L. A. Selby-Bigge, Oxford (reimpressão: Oxford, 1951).
IPSEN, Knut (1990). *Völkerrecht*, Munique.
KANT, Immanuel (1781/1787). *Kritik der reinen Vernunft*, 1.ª/ 2.ª ed., Riga (citações: A/B).
—— (1903). "Prolegomena", in: *Kant's gesammelte Schriften*, org. pela Academia Real Prussiana de Ciências, v. IV, Berlim, pp. 253-383.
—— (1907a). "Metaphysik der Sitten", in: *Kant's gesammelte Schriften*, org. pela Academia Real Prussiana de Ciências, v. VI, Berlim, pp. 203-494.
—— (1907b). "Der Streit der Fakultäten", in: *Kant's gesammelte Schriften*, org. pela Academia Real Prussiana de Ciências, v. VII, Berlim, pp. 1-116.
—— (1912). "Über den Gemeinspruch: Das mag in der Theorie richtig sein, taugt aber nicht für die Praxis", in: *Kant's gesammelte Schriften*, org. pela Academia Real Prussiana de Ciências, v. VIII, Berlim, pp. 273-313.
KANTOROWICZ, Hermann (s. d.). *Der Begriff des Rechts*, Göttingen.
KELSEN, Hans (1960). *Reine Rechtslehre*, 2.ª ed., Viena. [Trad. bras. *Teoria pura do direito*, São Paulo, Martins Fontes, 7.ª ed., 2006.]
—— (1964a). "Diskussionsbeitrag", in: *Österreichische Zeitschrift für öffentliches Recht*, novo fascículo 13, pp. 119-20.
—— (1964b). "Die Funktion der Verfassung", in: *Verhandlungen des Zweiten Österreichischen Juristentags Wien*, 1964, v. II, 7.ª parte, Viena, pp. 65-76.
—— (1979). *Allgemeine Theorie der Normen*, Viena.
KOCH, Hans-Joachim e RÜßMANN, Helmut (1982). *Juristische Begründungslehre*, Munique.
KRIELE, Martin (1979). *Recht und praktische Vernunft*, Göttingen.
LOOS, Fritz (1970). *Zur Wert- und Rechtslehre Max Webers*, Tübingen.
LUHMANN, Niklas (1972). *Rechtssoziologie*, 2 vols., Reinbek.
MACCORMICK, Neil (1978). *Legal Reasoning and Legal Theory*, Oxford. [Trad. bras. *Argumentação jurídica e teoria do direito*, São Paulo, WMF Martins Fontes, 2.ª ed., 2009.]
—— (1986). "Law, Morality and Positivism", in: MACCORMICK, Neil e WEINBERGER, Ota. *An Institutional Theory of Law*, Dordrecht, Boston, Lancaster e Tóquio. pp. 127-44.
MAUS, Ingeborg (1989). "Die Trennung von Recht und Moral als Begrenzung des Rechts", in: *Rechtstheorie* 20, pp. 191-210.

MÜLLER, Friederich (1986). *'Richterrecht'*, Berlim.
NEUMANN, Ulfrid (1986). *Juristische Argumentationslehre*, Darmstadt.
OTT, Walter (1976). *Der Rechtspositivismus*, Berlim.
—— (1988). "Die Radbruch'sche Formel. Pro und Contra", in: *Zeitschrift für Schweizerisches Recht*, novo fascículo 107, pp. 335-57.
—— (1991). "Der Euthanasie-Befehl Hitlers vom 1. September 1939 im Lichte der rechtspositivistischen Theorien", in: MAYER, Heinz et alii (orgs.). *Festschrift für Robert Walter*, Viena, pp. 519-33.
PAULSON, Stanley L. (1990). "Läßt sich die Reine Rechtslehre transzendental begründen?", in: *Rechtstheorie* 21, pp. 155-79.
PECZENIK, Aleksander (1983). *Grundlagen der juristischen Argumentation*, Viena e Nova York.
RADBRUCH, Gustav (1973a). *Rechtsphilosophie*, 8.ª ed., Stuttgart. [Trad. bras. *Filosofia do direito*, São Paulo, Martins Fontes, 2004.]
—— (1973b). "Fünf Minuten Rechtsphilosophie (1945)", in: *idem. Rechtsphilosophie*, 8.ª ed., Stuttgart, pp. 327-9.
—— (1973c). "Gesetzliches Unrecht und übergesetzliches Recht (1946)", in: *idem. Rechtsphilosophie*, 8.ª ed., Stuttgart, pp. 339-50.
RÖHL, Klaus F. (1987). *Rechtssoziologie*, Colônia, Berlim, Bonn e Munique.
ROSS, Alf. (1958). *On Law and Justice*, Berkeley e Los Angeles.
—— (1968). *Directives and Norms*, Londres e Nova York.
ROTTLEUTHNER, Hubert (1981). *Rechtstheorie und Rechtssoziologie*, Freiburg/Munique.
—— (1987). *Einführung in die Rechtssoziologie*, Darmstadt.
SIECKMANN, Jan-Reinard (1990). *Regelmodelle und Prinzipienmodelle des Rechtssystems*, Baden-Baden.
STROLZ, Marc Maria (1991). *Ronald Dworkins These der Rechte im Vergleich zur gesetzgeberischen Methode nach Art. 1 Abs. 2 und 3 ZGB*, Zurique.
STUCKART, Wilhelm e GLOBKE, Hans (1936). *Kommentare zur deutschen Rassengesetzgebung*, v. 1, Munique e Berlim.
STUHLMANN-LAEISZ, Rainer (1983). *Das Sein-Sollen-Problem*, Stuttgart-Bad Cannstatt.
SUMMERS, Robert S. (1982). *Instrumentalism and American Legal Theory*, Ithaca e Londres.
WEBER, Max (1976). *Wirtschaft und Gesellschaft* (1921), 5.ª ed., Tübingen.
XENOFONTE (1917). *Memorabilien*, trad. alemã de A. Leising, 5.ª ed., Berlim.

ÍNDICE ONOMÁSTICO

Aarnio 126
Alexy 22-3, 59, 64, 66, 84 s., 88, 96, 114, 124, 126, 133
Austin, J. 20-1, 84
Austin, J. L. 46

Bierling 19
Bittner 84
Bydlinski 84

Dreier, H. 56
Dreier, R. 4, 29, 33, 93, 111, 130, 140, 142 s., 144, 147
Dworkin 84, 122 s.

Fuller 29, 38

Geiger 18 s.
Globke 94, 97
Günther 88

Hamlyn 36
Hart 22-3, 31, 37, 52 ss., 60, 69 ss., 83, 92, 114, 117, 119, 122, 127 ss., 145
Hoerster 26, 30 s., 37, 49 s., 52, 54, 55 ss., 60, 64, 69, 87, 107

Höffe 38
Holmes 19
Hume 116

Ipsen 83

Kant 97, 114, 129 ss., 137, 139
Kantorowicz 28
Kelsen 3 s., 22 ss., 38 s., 62 s., 84, 105, 114, 115, 117, 120, 125, 127 ss., 141, 144 s., 147
Koch 11
Kriele 77 ss.

Loos 18
Luhmann 20

MacCormick 31, 44
Maus 68
Müller 11

Neumann 47

Ott 4, 26, 53, 59 ss., 74

Paulson 130
Peczenik 126

Radbruch 34 s., 42, 48, 52, 55,
  57, 60, 64 ss., 144
Röhl 102
Ross 18, 119
Rottleuthner 102, 130
Rüßmann 11

Santo Agostinho 40
Sieckmann 84

Strolz 84
Stuckart 94, 97
Stuhlmann-Laeisz 116
Summers 19

Weber 18

Xenofonte 3

GRÁFICA PAYM
Tel. [11] 4392-3344
paym@graficapaym.com.br